一看就懂

台灣地理

The Illustrated Encyclopedia Of

Taiwan Geography 新裝珍藏版

推薦 ▶ 序

身為台灣人，當知台灣地理

　　著手撰寫這篇序文時，日本民眾正在和地震、海嘯以及核能災變奮鬥。

　　幾年前，一位友人送我一本台北日僑學校自編的台北地理教科書。帶著敬佩與訝異，我翻閱著這本書，意識到日本人對地理的重視，也感受到他們對土地的謙卑與務實：原來地理教學不必然是為了強調國土地大物博、環境優越，而是基於學童的生活需求與好奇，引導他們去認識自己生活周遭環境的種種，並思考如何和自然環境和平相處。看到日本民眾如何因應海嘯與地震，可以感受他們國民教育的成功。

　　早年台灣的地理教育受時空環境的限制，對台灣地理的介紹非常有限。因而造成北部的學生可能不知道濁水溪在哪，南部學生可能不知道淡水河對台北的重要性。隨著教育改革的步伐，現今的中小學教育有長足的進步，地理教育也回歸到對自我生活環境的認識與探索，並涵蓋社區、都市、國土到全球的不同尺度。今天的地理不再是地名和物產的堆砌，而是探討地理環境的組成、作用與地方特色，認識自然環境所蘊藏的資源與災害，思索人類該如何和環境和平共處、尋求永續發展。

　　學校中地理教學的時數一再刪減，課本也必須精簡。遠足文化公司繼「一看就懂地理百科」之後，推出這本「一看就懂台灣地理」，得以提供學生更多的課外讀物來認識台灣地理。本書作者黃美傳老師任教於板橋高中，是位年輕卻經驗豐富的地理老師，深諳學習地理的竅門，此次受遠足公司之邀執筆完成本書。本書從地質環境開始介紹起，首先讓學生瞭解台灣的生成背景，接著有系統的介紹台灣地形、氣候、水文、生態系統等自然環境要素。有別於一般的教科書，本書提供豐富的照片與示意圖，讓學生輕輕鬆鬆地利用圖文來學習原本抽象困難的概念，從而認識台灣地理的豐富、多樣、脆弱及潛在的威脅。

　　對於就學中的中小學生而言，這本書是學習台灣地理的輔助工具，可以延伸地理教科書中的概念。對於關懷台灣土地環境的讀者們，本書是輕輕鬆鬆認識台灣地理的好讀物。謹此推薦之！

國立台灣大學地理環境資源學系教授

賴進貴

如何使用本書

福爾摩沙——台灣擁有豐富的地理變化：高山、平原、河流、火山、盆地、海灣等；也有多樣的天氣表現：季風、寒流、梅雨；更有颱風、地震、豪雨、土石流等災害威脅著；還有獨特的動植物生態體系，早就成為全世界地理及生態學研究的重要地區之一。

身處在如此特別環境的你我，不可不知其中的奧妙及原理，進一步了解、欣賞我們所處的自然奇景。《一看就懂台灣地理》本書用豐富的圖片和簡明的文字，清楚地告訴你寶島台灣精采的地理故事……

各項文化主題以簡明標題標示，方便閱讀與檢索。

與主題相關的補充知識，以專欄方式呈現。

豐富的辭條，搭配簡明的文字，介紹台灣地理基本知識。

與主題相關的全景或細部的繪圖或照片。

---

60 | 一看就懂

台灣

64 | 一看就懂 台灣地理

火山地形

台灣及鄰近海域的火山活動與板塊隱沒作用密切相關，根據地理位置和生成原因，大致上可分為北部火山岩區如大屯山火山群和基隆火山群、西部火山岩區如澎湖火山群、和東部海岸山脈和綠島、蘭嶼組成之東部火山區等三區，形成各具特色的火山地形。

大屯火山群

位於台北盆地北方，經歷200多萬年的噴發活動，包括20餘座大小火山，是台灣島上規模最大的火山區。主要分布於金山斷層與崁腳斷層之間的區域內，並包括淡水河南岸的觀音山，火山地形保持得相當完整，有圓錐火山、火山口及噴氣孔……等。

淡水河北岸的大屯火山群是台灣最大的火山區。

大屯火山群斷層、溫泉和熱水換質區的分布圖。

台灣火山分布區

台灣地區可分為北部

【北部火山區】
大約在距今280萬至2間經歷多次噴發，到約4台灣三個火山岩區中每火山區包含了大屯火山觀音山、草嶺山（大的北方三小島（彭佳嶼）、基隆嶼、龜山

澎湖

【西部火山區】
距今約3000萬至8之間所形成，主要包括西部山麓帶和島，是由玄武岩質冷凝而成的玄武岩

大地形分布圖

蘭陽平原

火山群
台北盆地
和口台地
桃園台地

雪

中

▲南湖大山

▲大霸尖山
▲雪山

央

海

花

岸

東

縱

谷

山

脈

山

脈

▲奇萊山
▲合歡山

▲秀姑巒山

▲玉山

中

山

▲關山

央

山

山

氣份二山

玉

山

脈

山

阿

里

山

脈

屏東平原

化平原

嘉義丘陵

新化丘陵

斗六丘陵

柴山

嘉南平原

地形

秀姑巒山。

南湖大山。

大武山。

火山地形｜65

個主要火山區。

北方三小島

中

北部
洋海
荷瓶

大屯山

基隆嶼

基隆山

龜山島

地形

花蓮

【東部火山區】
距今約2000萬至50萬年
之間形成，包括海岸山
脈、綠島和蘭嶼。組成的
岩性主要是安山岩。

台東

綠島

蘭嶼

北部火山區
西部火山區
東部火山區

全書分為五大類，
依序為地質、地
形、氣候、水文、
生態系等。

精采地理主題與活動，以精
細、生動的插畫照片，清楚
的圖解說明，容易了解、輕
鬆欣賞。

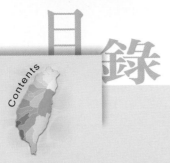

目錄

Contents

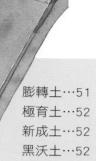

地形…56

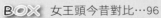

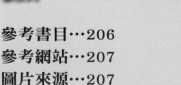

地質

花蓮蘇花公路的清水斷崖。

台灣島的形成歷程

台灣位處於歐亞大陸板塊最東緣，東側與菲律賓板塊相接，兩大板塊從一億年前的遠古地質時代即相互擠壓碰撞，直至六百萬年前台灣島方露出海面，爾後來自地球內部的營力仍不斷進行中，加上侵蝕風化等外營力，造就今日的台灣島。

全球板塊分布圖。

❶ 南澳造山運動，古台灣島形成

一億多年前，古太平洋板塊向西推擠碰撞歐亞大陸板塊，並隱沒於歐亞大陸板塊之下，這股向下隱沒的力量將原來堆積在歐亞大陸板塊東緣大陸棚上的沈積物隆起成山，成為最早的古台灣島。此時期的造山運動稱為「南澳造山運動」。

地質

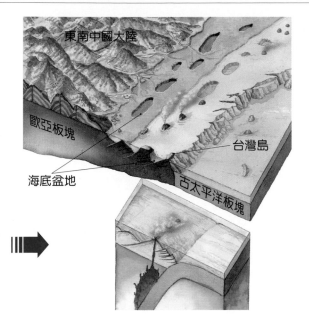

❷ 海底盆地的堆積物構成台灣島的沉積岩

直到八千萬年前古太平洋推擠的力量趨緩，歐亞板塊發生張裂，形成許多海底盆地，容納更多來自中國華南地區岩石侵蝕而成的堆積物，構成今日台灣島沈積岩的一部份。同時期，海底也形成許多小火山島。

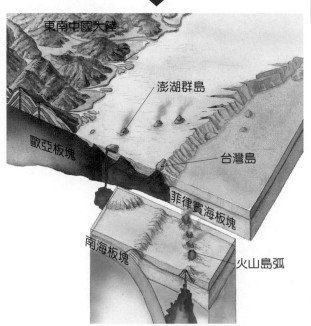

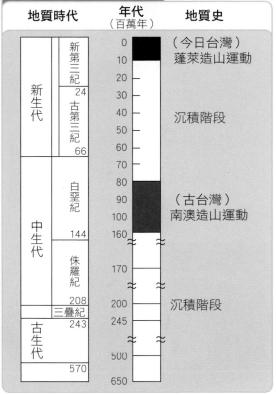

台灣造山運動時間表

地質時代		年代（百萬年）	地質史
新生代	新第三紀	0 10 20	（今日台灣） 蓬萊造山運動
		24	
	古第三紀	30 40 50 60	沉積階段
		66	
中生代	白堊紀	70 80 90 100	（古台灣） 南澳造山運動
		144 160	
	侏羅紀	170	
		208	沉積階段
	三疊紀	200 245	
		243	
古生代		500	
		570 650	

❸ 澎湖群島的生成

二千萬年前，歐亞板塊的東南邊緣，即南中國海（南海）附近發生了緩慢張裂，南海板塊在張裂過程中碰上了菲律賓海板塊，在這兩個海板塊交會時，南海板塊隱沒於下，並於隱沒帶生成了一連串的火山島弧，即呂宋島弧，其北端為今天的海岸山脈、綠島及蘭嶼。而南海板塊持續張裂的同時，海底岩漿沿著裂隙湧升，形成今日澎湖群島的前身。

❹❺❻❼ ▶

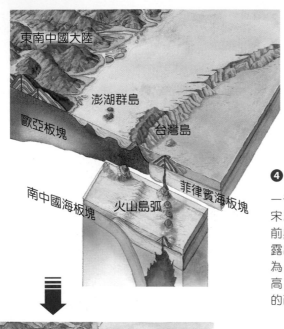

❹ 蓬萊造山運動，今台灣島的誕生

一千萬年前，位於菲律賓海板塊上的呂宋島弧開始往西北方移動，約六百萬年前與歐亞大陸東南邊緣碰撞，使台灣島露出海面，並形成高聳的褶皺山脈，稱為「蓬萊造山運動」。台灣島愈來愈高，河流逐漸進行侵蝕堆積，形成現今的西部沖積平原。

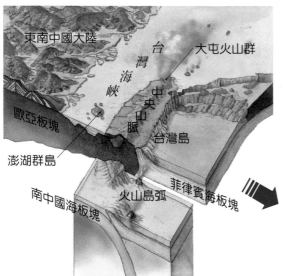

❺ 海岸山脈與台灣島的結合及大屯火山噴發

距今三百萬年前，東部海岸山脈核心的呂宋火山島弧逐漸與中央山脈併接在一起，生成花東縱谷，亦成為兩大板塊的縫和處。

由於往西北方移動的菲律賓海板塊一部份在琉球端隱沒到北台灣島之下，形成琉球島弧，自二百八十萬年開始，斷續在台灣大屯山以及基隆嶼、棉花嶼等外海地區形成大規模的火山噴發，直至距今二十萬年前才停止。

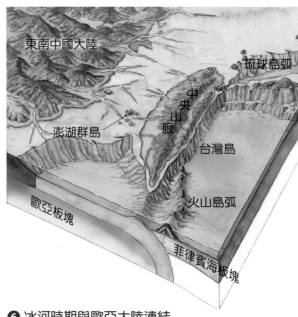

❻ 冰河時期與歐亞大陸連結

二十萬年來，台灣島的形態沒有太大改變，曾經歷冰河的週期變化，台灣海峽變成陸地環境，與歐亞大陸連成一體。

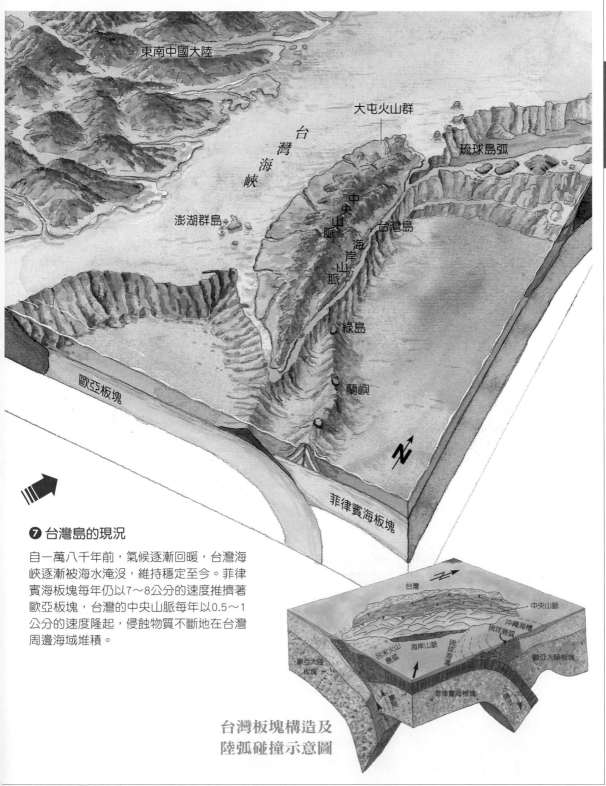

地質

東南中國大陸

大屯火山群

琉球島弧

台灣海峽

澎湖群島

中央山脈

海岸山脈

台灣島

綠島

蘭嶼

歐亞板塊

菲律賓海板塊

N

❼ 台灣島的現況

自一萬八千年前，氣候逐漸回暖，台灣海
峽逐漸被海水淹沒，維持穩定至今。菲律
賓海板塊每年仍以7～8公分的速度推擠著
歐亞板塊，台灣的中央山脈每年以0.5～1
公分的速度隆起，侵蝕物質不斷地在台灣
周邊海域堆積。

台灣

中央山脈

沖繩海槽

琉球島弧

大屯火山島弧

海岸山脈

琉球海溝

歐亞大陸板塊

菲律賓海板塊

歐亞大陸板塊

隆起

張裂

台灣板塊構造及
陸弧碰撞示意圖

台灣的地質分區

台灣在地體構造上是一個年輕又變化劇烈的地區，佔台灣面積大部份的第三紀地層，其沈積環境的岩層、厚度與地質構造，呈現明顯的區域差異，共可分為七個地質分區。北部火成岩區、中央山脈東翼、中央山脈西翼、海岸山脈、花東縱谷、西部山麓帶與濱海平原區、其他離島等七個地質區。

▎大屯山頂遠眺觀音山。

北部火成岩區

包括大屯火山群、觀音山、基隆山、以及外海的基隆嶼、花瓶嶼、棉花嶼、彭佳嶼，與宜蘭外海的龜山島，都是因為火山作用而形成的地區。台灣北部的火山活動與菲律賓海板塊隱沒至歐亞板塊之下，生成琉球島弧的岩漿活動有關。

中央山脈東翼

其分布範圍東界為花東縱谷，西界為屈尺斷層。中央山脈東翼地區是台灣最老的地質區，由一億多年前古台灣島變質雜岩構成的古老核心。依岩性及變質作用的不同，將本區分為「太魯閣帶」和「玉里帶」兩個變質帶，主要由「黑色片岩」、

「綠色片岩」、「大理岩」和「花崗岩」等組成，是高溫低壓變質作用的產物。

中央山脈西翼

其範圍包含西部的雪山山脈和東部脊樑山脈。中央山脈西翼地區是第三紀早期，古台灣下沈之後、覆於其上的「蓋層」，沈積物源自於古亞洲大陸。沈積的時間從距今約六千萬年前到二千萬年前，並且漸漸達到飽和。

當新第三紀蓬萊運動發生時，這個厚達6,000公尺以上的沈積物，就漸漸被擠壓上升，成為台灣的脊樑山脈。同時，受到區域變質作用的影響，沈積物也漸漸變成輕至中度的變質岩。

台灣島由西至東的地質構造

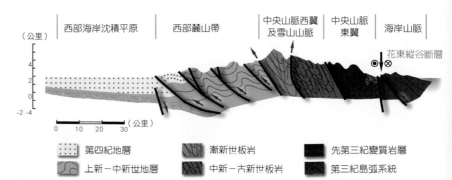

地質

台灣地質分區圖

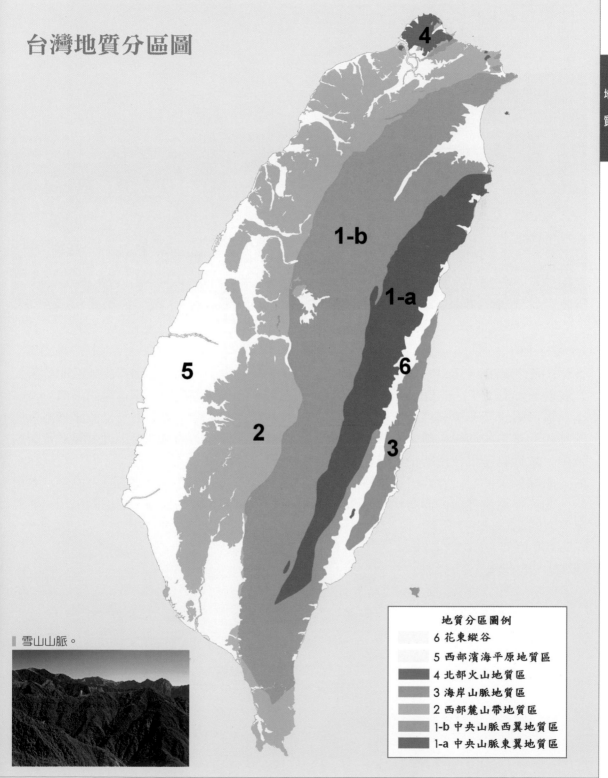

4

1-b

1-a

6

5

2

3

雪山山脈。

地質分區圖例

6 花東縱谷
5 西部濱海平原地質區
4 北部火山地質區
3 海岸山脈地質區
2 西部麓山帶地質區
1-b 中央山脈西翼地質區
1-a 中央山脈東翼地質區

花東縱谷是中央山脈和海岸山脈間的狹長谷地，板塊的縫合處。

海岸山脈

海岸山脈北起花蓮溪口，南迄卑南溪口，全長約135公里。約二百萬年前，源於古南海板塊隱沒至菲律賓海板塊所生成的呂宋島弧北延形成海岸山脈，目前仍持續進行中。本地質區主要由新第三紀地層所組成，岩性以火山岩、含有火山物質的沈積岩、濁流作用所造成的碎屑沈積岩和雜亂無層理的混同層為其代表。

緊臨太平洋的海岸山脈。

花東縱谷

花東縱谷是中央山脈和海岸山脈之間的狹長谷地，北起花蓮溪口，南迄卑南溪口，長約150公里，寬約3～6公里，是菲律賓海板塊與歐亞板塊撞碰的縫合帶，地殼變形及斷層活動十分活躍。

縱谷主要的地層是第四紀「沖積、堆積層」，是最年輕的地層。岩屑的來源主要為中央山脈的變質岩，其次為海岸山脈的火成岩。

▌苗栗後龍汶水溪的沖積扇地形位於西部山麓帶。

▌馬祖北竿島一景。

西部山麓帶與濱海平原區

雪山山脈以西為較平緩的丘陵地與平原區，是人口最為稠密的地區。主要由新第三紀碎屑岩組成，也有一小部份的漸新世地層，其岩性是砂岩和頁岩互層的沈積岩，本區岩層並未受到明顯的變質作用，只有靠近麓山帶地區的沈積岩受到造山擠壓影響，多條逆衝斷層出露至地表，如九二一集集大地震的車籠埔斷層。

其他離島

除了高雄外海的小琉球嶼以外，台灣大部份的離島皆為火山活動所生成的島嶼，包括西邊的澎湖群島、以及東南方的綠島、蘭嶼和小蘭嶼。此外位於大陸沿海的金門與馬祖群島，主要是由更早期岩漿活動所生成的島嶼。

▌蘭嶼島嶼火山活動所生成。

台灣的活斷層

台灣的活斷層主要分布於人口密集的西部與花東縱谷，前者屬於造山帶的前緣，後者屬於板塊的交界地帶，都是很容易發生斷層活動的地區，並伴隨著地震災害。以下將介紹台灣北部、中部、西南部及南部、東部的活斷層。

斷層

斷層是岩層斷裂並產生位移之處。斷層破裂面以上的部份稱為上盤，以下稱為下盤。依上盤和下盤的位移關係，可將斷層分為正斷層、逆斷層、平移斷層。自然界大多數斷層同時兼具垂直或水平方向的位移，其規模由數十公里到僅數公分，大小不等。

平移斷層

當岩層沿著斷層面兩側作水平方向移動時，稱為平移斷層；依岩層移動方向可再細分為左移斷層、右移斷層。
站在斷層面任一側觀察，若是對向明顯向左移動者，即為左移斷層；反之則為右移斷層。

向上移動

█ 花蓮豐濱的活斷層。

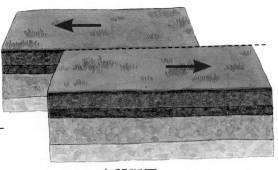

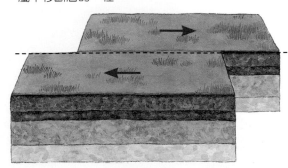

右移斷層
屬平移斷層的一種。

左移斷層
屬平移斷層的一種。

註：← 表岩層移動方向

正斷層（南投竹山附近的砂頁岩地層）。

1999年9月21日車籠埔斷層活動中，大甲溪河谷東側岩層抬升所形成的斷層瀑布。

正斷層

當岩層受到張力作用，導致上盤傾角在65～90度間。當上盤順著斷層面向下滑動較大時，會出現明顯的斷崖地形。

逆斷層

岩層受壓，使得上盤沿著斷層面向上移動者為逆斷層。

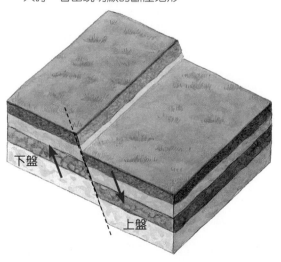

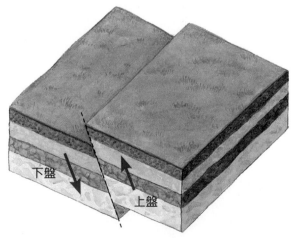

正斷層

岩層因板塊張裂作用，使得上盤沿著斷層面下滑者，稱為正斷層。

當上、下盤落差過大時，會出現明顯的斷崖地形；數個正斷層平行排列時，則會形成裂谷地形，最著名者為東非大裂谷。

逆斷層

與正斷層相反，逆斷層是上盤沿著斷層面往上衝；通常是因為板塊或地層受擠壓所致，又稱為逆衝斷層，造成九二一大地震的車籠埔斷層即屬逆斷層。

台灣主要斷層分布圖

活動斷層是引發地震的原因之一。依據中央地質調查所的研究報告，台灣的活動斷層目前已知者共有四十二條，大部分分布在台灣西部地區及花東縱谷。

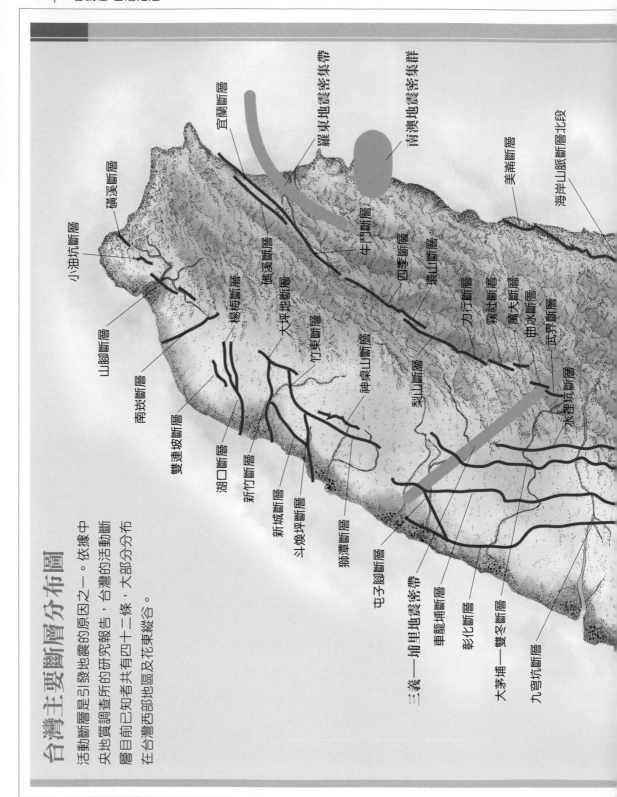

小油坑斷層
崁溪斷層
宜蘭斷層
羅東地震密集帶
南澳地震密集帶
美崙斷層
海岸山脈斷層北段

山腳斷層
牛鬥斷層
焦溪斷層
四季斷層
環山斷層

南崁斷層
楊梅斷層
大坪地斷層
力行斷層
霧社斷層
萬大斷層
曲冰斷層

雙連坡斷層
新竹斷層
竹東斷層
神桌山斷層
梨山斷層
武界斷層
水里坑斷層

湖口斷層
新城斷層
斗煥坪斷層
獅潭斷層

屯子腳斷層
三義—埔里地震密集帶
車籠埔斷層
彰化斷層
大茅埔—雙冬斷層
九芎坑斷層

地質

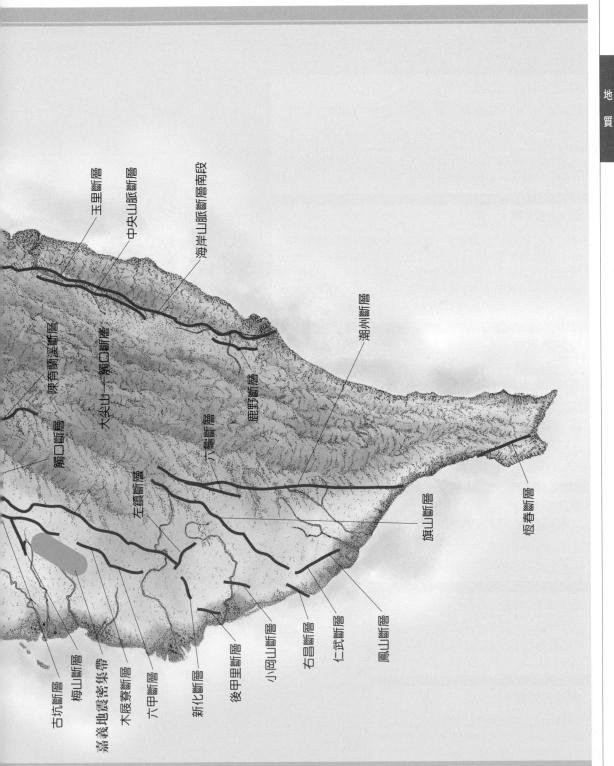

玉里斷層

中央山脈斷層

海岸山脈斷層南段

陳有蘭溪斷層

潮州斷層

觸口斷層

大尖山－竹口斷層

鹿野斷層

左鎮斷層

六龜斷層

旗山斷層

古坑斷層

梅山斷層

嘉義地震密集帶

木屐寮斷層

六甲斷層

新化斷層

後甲里斷層

小岡山斷層

右昌斷層

仁武斷層

鳳山斷層

恆春斷層

北部地區的活動斷層

❶ 金山斷層（新莊斷層）

逆移斷層，兼具逆斷層與橫移斷層的性質，呈東北走向，由金山向西南延伸，經大屯火山群、台北盆地至山子腳西北方塔寮坑，長約34公里。此斷層於新北投貴子坑附近沒入台北盆地後，在盆地西緣約1～2公里沿林口台地邊緣平行向西南延伸，於新莊附近與崁腳斷層會合。

❷ 山腳斷層

為一正移斷層（盲斷層），兼具正斷層與橫移斷層的性質，位於台北盆地與林口台地間。山腳斷層在三百多年前曾劇烈活動，使台北盆地西北半部陷落成「康熙台北湖」。此斷層可能是控制台北盆地構造發育的一條新構造，也是大台北地區地震防災最需注意的一條活斷層。

❸ 南崁斷層

正移斷層，位於林口台地與桃園台地的交界，由竹圍附近海岸向東南延伸至龜山，長約14公里。

❹ 雙連坡斷層

逆移斷層，自上陰影窩附近，經雙連坡至中壢市西北方，長約10公里。

❺ 湖口斷層
（楊梅斷層或楊梅南斷層）

逆移斷層，由老湖口西南方向東北東延伸至平鎮東方，長約23公里。

❻ 大平地斷層

逆移斷層，為具左移性質的逆斷層，自石門經關西東方、頭前溪、竹東南側、北埔至峨嵋，長約29公里。

❼ 新竹斷層

逆移斷層，此斷層受頭前溪之侵蝕、堆積作用影響，位置被沖積物所掩蓋，推測位於新竹沖積平原南緣。

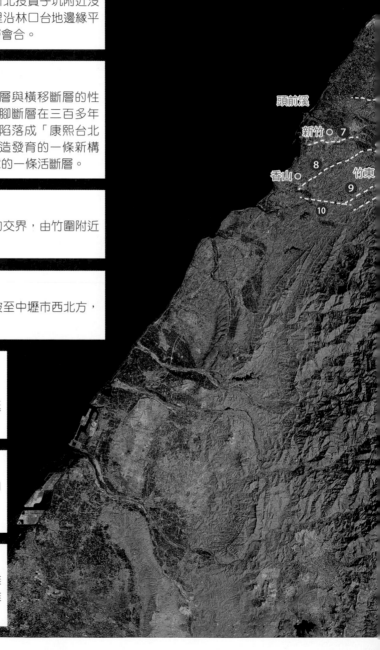

頭前溪
新竹 ○ 7
香山 ○ 8
竹東
9
10

淡水河

金山

萬里

基隆

1

2

台北

3

桃園

新店

4

中壢

楊梅

5

大溪

關西

6

龜山島

宜蘭

蘭陽溪

地質

❽ 新城斷層

逆移斷層，大半位於新竹寶山境內，僅南、北兩端斜貫新竹市東南側。此斷層所經地區受斷層擠壓力之影響，岩層顯得比較破碎。

❾ 竹東斷層

逆移斷層，位於竹東丘陵的東緣，呈東北——西南走向，西南延伸部分於十四寮北側為斗煥坪斷層所截，長約18公里。

❿ 斗煥坪斷層

右移斷層，兼具逆移性質，位於竹東台地南緣，為東西走向，長約11公里。此斷層於十四寮坑北側截切竹東斷層後轉向東北，可能連接大平地斷層並沿中港溪續往西延伸。

中部地區的活動斷層

⑪ 獅潭斷層（紙湖地震斷層）

逆移斷層，位於苗栗獅潭鄉紙湖（百壽）東方，由大東勢向北延伸，經小東勢、圳頭、北寮、紙湖至上十股，長約15公里。

⑫ 神卓山斷層

為1935年4月21日形成之地震斷層，可能為逆移斷層。此斷層與獅潭斷層平行，位於八卦力山脈稜脊西側，呈北北東走向，為斷續出現的裂縫及小斷層所組成，長約5公里。

⑬ 三義斷層

逆移斷層，由大甲溪向北延伸，至三義附近轉偏東經重河、雙連潭至大窩，長約19公里。

⑭ 大甲斷層

逆移斷層（盲斷層），可能為沖積扇掩蓋之斷層，位於后里台地之西緣，由台中通霄附近經大甲東緣，向南延伸至大甲溪北岸，長約7公里。此斷層可能向南連接大肚台地西側的清水斷層。

⑮ 鐵砧山斷層（大甲東斷層）

逆移斷層，位於大甲斷層及清水斷層東側，可能為兩者之副斷層，呈北北東走向。由鐵砧山東側經大甲東聚落西緣尾山東側、甲南東方的客莊、橫山及沙鹿東方的竹林，南段在犁分、竹林附近併入清水斷層，長約15公里。

後龍溪

苗栗　　紙湖　　11
　　　　　獅潭　　12

泰安
　　　　大湖

三義　　　　　大湖
13

14
大甲　　　　卓蘭

大甲溪　　16
　　　　15
　　　　后里　　東勢

清水
　　　　　豐原　19

烏溪　　17　　沙鹿

台中

彰化　　　　　　20

草屯
18　　南投　19
　　員林
　　田中

濁水溪

二水　　　集集

竹山

龜山島

地質

⑯ 屯子腳斷層

具逆移性質的右移斷層，由后里台地東北的泰安向西南西方向延伸，經下后里、內埔（屯子腳）、大甲溪至大肚台地北側之清泉崗附近，長約14公里。

⑰ 清水斷層

逆移斷層（盲斷層），位於大肚台地的西緣，由台中甲南經清水至沙鹿，呈東北走向，斷層跡略呈弧形，長約22公里。此斷層北接大甲斷層，向南延伸則沿八卦台地西緣的彰化斷層。

⑱ 彰化斷層

逆移斷層（盲斷層），位於八卦台地西緣，由烏溪南方經彰化市、員林、出水至田中，長約32公里。

⑲ 車籠埔斷層

逆移斷層，1999年九二一大地震前屬於第二類活動斷層，因地震後地表有明顯錯動痕跡，而被重新認定為第一類斷層。

⑳ 大茅埔——雙冬斷層

為高角度逆移斷層，位於豐原、南投兩丘陵東緣，以大甲溪為界，北段稱大茅埔斷層，由台中雙崎南側向西南延伸，經三叉坑、麻竹坑、大茅埔至大甲溪，南段稱雙冬斷層，後轉向南延伸經雙連潭、外茅埔、金瓜寮、風吹下、龜子投、烏溪、雙東、中寮至鹿谷東方，長約55公里。

西南部及南部地區的活動斷層

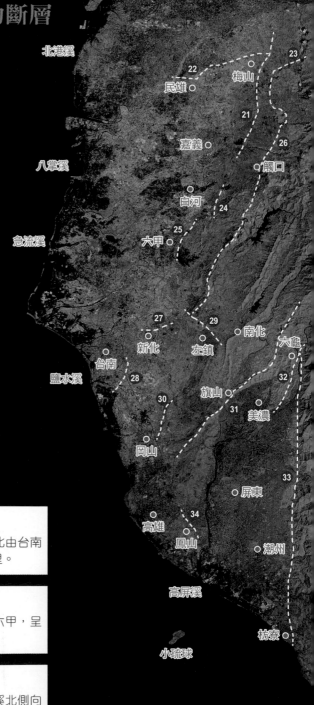

㉑ 九芎坑斷層

具右移性質的逆移斷層，呈南北走向，由雲林古坑向南經南勢坑、竹崎後，轉西南至八掌溪北岸，長約23公里。

㉒ 梅山斷層

右移斷層，呈東北東走向，由嘉義梅山延伸至民雄，長約13公里，為1906年嘉義大地震發生的地震斷層。此斷層自民雄向西可能以潛伏斷層形式延伸至新港附近。

㉓ 大尖山斷層

逆移斷層，由南投竹山的嶺腳附近，呈西南走向經桶頭、龜仔頭，至柿子寮後轉東南延伸至嘉義竹崎的金獅寮，長約25公里。此斷層北接車籠埔斷層，南端與觸口斷層相連。

㉔ 木屐寮斷層

逆移斷層，位於嘉義丘陵西緣，呈北北東走向，北由台南白河東側山豬崁向南延伸至六重溪北岸，長約7公里。

㉕ 六甲斷層

逆移斷層，位於嘉義丘陵區西緣，由台南東山至六甲，呈北北東走向，長約10公里。

㉖ 觸口斷層

為東向西逆衝之逆移斷層，呈南北走向，由牛稠溪北側向南經溪心寮、桃子斜、半天寮至觸口，續往西南延伸經凍腳、中崙、凍子腳、二坵田、北寮、尖山、烏山頭至菜寮溪北岸，長約67公里，向北可連接大尖山斷層。

地
質

綠島

蘭嶼

27 新化斷層

右移斷層，呈北北東走向，由台南新化東北方約5.5公里之那菝林至西北方約2公里之北勢以東，長約6公里，為1946年台南地震所造成的地震斷層。

28 後甲里斷層

正移斷層，位於台南台地東緣，呈南北走向。其北端轉向東北，南端轉像西南，東側為降側，全長約11公里。

29 左鎮斷層

左移斷層，自台南新莊附近經左鎮、三角潭附近向東南延伸，全長超過10公里。

30 小崗山斷層

逆移斷層，位於高雄小崗山西北方，呈南北走向，北端漸轉呈東北走向，長約8公里。

31 旗山斷層

具逆移性質的左移斷層，位於高雄六龜和新寮間，呈北北東走向，長約18公里。

32 六龜斷層

左移斷層，位於高雄六龜和新寮間，呈北北東走向，長約18公里。

33 潮州斷層

具左移性質的逆移斷層，由高雄寶來向南延伸，經瑪家、泰武至枋寮，長約85公里。此斷層北段又稱土壟灣斷層，或荖濃斷層，或荖濃溪斷層。

34 鳳山斷層

逆移斷層，斷層由高雄鳳山東北方的崎子腳沿鳳山丘陵東緣延伸至拷潭附近，長約11公里。

恆春半島與東部地區的活動斷層

❹ 鹿野斷層

逆移斷層，由台東鹿寮向南延伸，經稻葉、初鹿至檳榔，續轉向東南經卑南、台東至東海國中附近，長約24公里。

❷ 利吉斷層

逆移斷層，由台東利吉村北方沿海岸山脈溪緣向南延伸，至台東市北方轉東南至海濱，長約13公里。

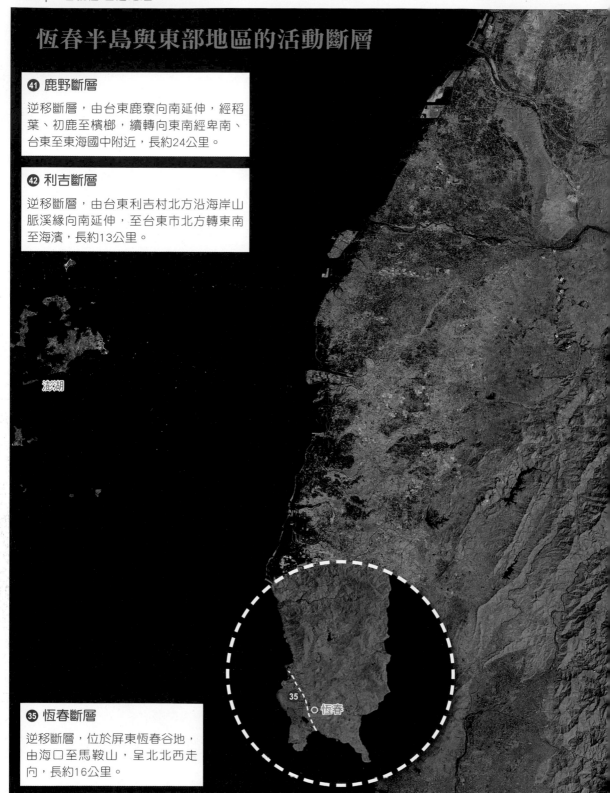

澎湖

35

○ 恆春

❺ 恆春斷層

逆移斷層，位於屏東恆春谷地，由海口至馬鞍山，呈北北西走向，長約16公里。

地質

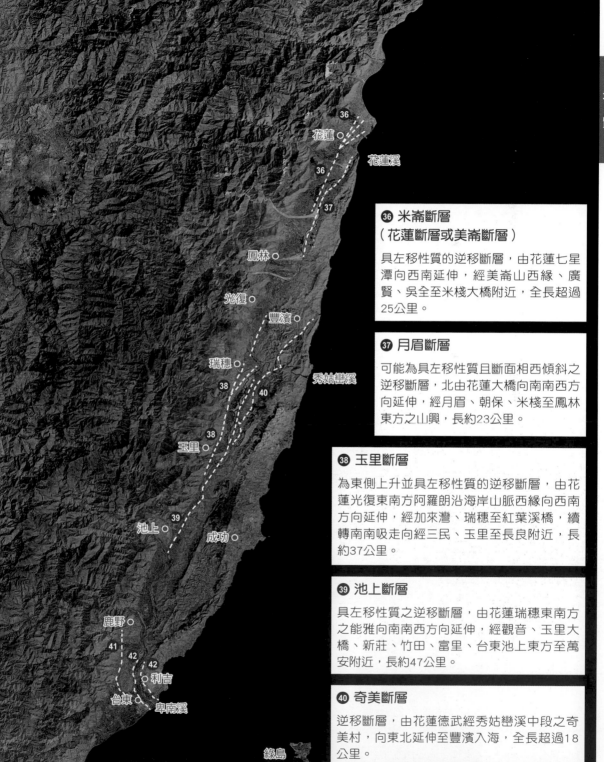

花蓮
花蓮溪
鳳林
光復
豐濱
瑞穗
秀姑巒溪
玉里
池上
成功
鹿野
利吉
台東
卑南溪
綠島

㊱ 米崙斷層
（花蓮斷層或美崙斷層）

具左移性質的逆移斷層，由花蓮七星潭向西南延伸，經美崙山西緣、廣賢、吳全至米棧大橋附近，全長超過25公里。

㊲ 月眉斷層

可能為具左移性質且斷面相西傾斜之逆移斷層，北由花蓮大橋向南南西方向延伸，經月眉、朝保、米棧至鳳林東方之山興，長約23公里。

㊳ 玉里斷層

為東側上升並具左移性質的逆移斷層，由花蓮光復東南方阿羅朗沿海岸山脈西緣向西南方向延伸，經加來灣、瑞穗至紅葉溪橋，續轉南南吸走向經三民、玉里至長良附近，長約37公里。

㊴ 池上斷層

具左移性質之逆移斷層，由花蓮瑞穗東南方之能雅向南南西方向延伸，經觀音、玉里大橋、新莊、竹田、富里、台東池上東方至萬安附近，長約47公里。

㊵ 奇美斷層

逆移斷層，由花蓮德武經秀姑巒溪中段之奇美村，向東北延伸至豐濱入海，全長超過18公里。

台灣三大岩石家族

岩石按照生成原因可分為火成岩、沈積岩和變質岩。台灣島不同地質年代與不同地區土壤的母岩可以發現這三大岩類。

火成岩家族

火成岩為岩漿凝固而成的岩石，是最能代表地球內部成份的岩類。台灣火成岩主要為岩漿流出地表後冷卻形成的火山熔岩，因岩性分為張裂性板塊內部岩漿形成的玄武岩以及聚合板塊邊界岩漿形成的安山岩兩大類。另外，金門、馬祖有因地下深部固結的深成岩，如花崗岩。

沈積岩家族

由原來存在於地球表面的岩石，經由風化作用變成鬆散的岩屑，經過外營力等作用搬離原地，之後慢慢沈積，再經過壓密作用將這些鬆散沈積物固結成岩石。此外，有些沈積岩是由化學沈澱和生物遺體所形成。台灣地區常見的沈積岩類有：礫岩、砂岩、頁岩和石灰岩等。

變質岩家族

原已存在的沈積岩、火成岩或變質岩，經過地殼運動或岩漿侵入等高溫高壓的影響，而改變其原有的礦物、化學組成與岩石組織、架構而生成的岩石。台灣在中央山脈沿線的蘇花公路及橫貫公路常可見變質岩，如片麻岩、片岩和大理岩。

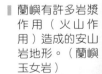
野柳風化紋是風化作用形成。

蘭嶼有許多岩漿作用（火山作用）造成的安山岩地形。（蘭嶼玉女岩）

活動斷層會造成岩石的變質作用。（車籠埔斷層）

河流的搬運作用將岩石遷移至他地。（苗栗大安溪）

地質

岩石的循環

當地質條件變化時，火成岩、變質岩與沉積岩之間會互相轉換，任何一類岩石都可能轉換成另一類。岩石之間互相轉變的現象稱為岩石循環，這些循環不斷地反覆進行，但並沒有一定的順序。

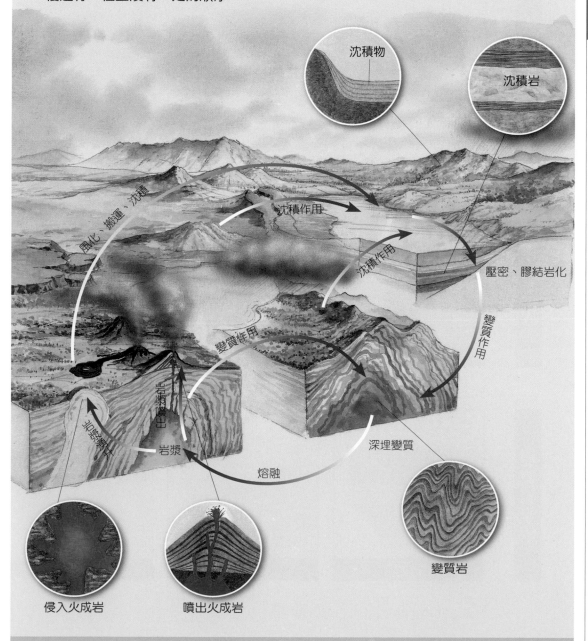

沈積物

沈積岩

風化、搬運、沈積

沈積作用

沈積作用

壓密、膠結岩化

變質作用

變質作用

岩漿噴出

岩漿侵入

岩漿

深埋變質

熔融

變質岩

侵入火成岩

噴出火成岩

台灣三大岩石家族

火成岩家族

玄武岩

花崗岩

安山岩

沈積岩家族

石灰岩

頁岩

砂岩

變質岩家族

片岩

大理岩

片麻岩

地質

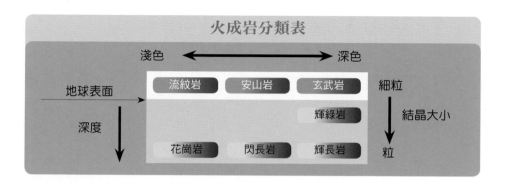

火成岩分類表

淺色 ←————————→ 深色

地球表面 →

流紋岩	安山岩	玄武岩	細粒
		輝綠岩	結晶大小
花崗岩	閃長岩	輝長岩	粒

深度 ↓

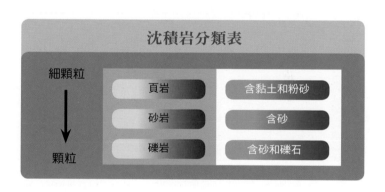

沈積岩分類表

細顆粒 ↓ 顆粒

頁岩	含黏土和粉砂
砂岩	含砂
礫岩	含砂和礫石

礫岩

變質砂岩

板岩

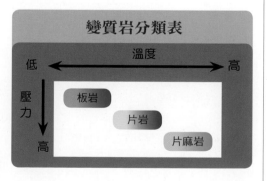

變質岩分類表

溫度
低 ←————————→ 高

壓力 ↓ 高

板岩		
	片岩	
		片麻岩

台灣的火成岩分布

台灣大部份的火成岩形成於第三紀，又可分為因受到菲律賓板塊向西北碰撞致使火山噴發而形成北部火成岩、菲律賓板塊的島弧物質引起弧陸而形成的東部火成岩、以及不少海洋地殼岩體性質的西部火成岩等三大地區。

台灣北部的大屯火山群是火山活動相當活躍的地區。圖為陽明山的大油坑。

北部火成岩區位置圖

基隆嶼

大屯火山群

觀音山

基隆火山群

彭佳嶼

棉花嶼

花瓶嶼

龜山島

0 　 10
公里

N

北部火成岩區

由上新世晚期（約280萬年前）火山噴發所致，主要為岩漿黏度高，不易流動的安山岩，並有少量玄武岩。此區域包含以火山碎屑物及安山岩居多的大屯火山群；具侵入岩性質的基隆火山群；以厚層熔岩流為主的觀音山，以及北部外海各島嶼。

澎湖的柱狀玄武岩景觀。

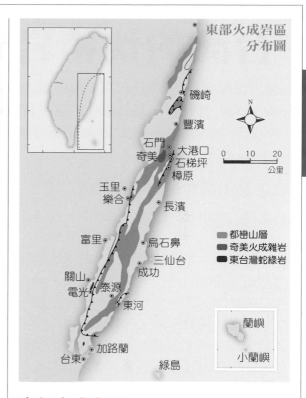

西部火成岩區

包括西部麓山帶及澎湖群島，都是由玄武岩所構成，主要出露在新第三紀的地層中，依時間先後分成公館（基隆至台北）、角板山（桃園至新竹）和澎湖三個火山時期。西部麓山帶玄武岩產狀以火山碎屑流為主，又分為集塊岩和凝灰岩類，岩性以鹼性玄武岩為主，澎湖地區以矽質玄武岩為主。

東部火成岩區

包括海岸山脈以及蘭嶼、綠島等島嶼。主要分為三大類岩性，一是佔據海岸山脈主體的大規模安山岩，稱為都巒山層，以厚層集塊岩為主。二為奇美地區的深成岩和熔岩，又稱奇美火成雜岩。三為相當特殊的東台灣蛇綠岩系，分為關山火成雜岩和利吉火成雜岩，其岩性主要是巨厚的灰色泥岩，夾雜著繁雜的外來碎裂岩片或堅硬的岩塊形體，出露的地方常形成惡地地形。

海岸山脈的都巒山層主要以火山角礫岩為主。

台灣的沈積岩分布

台灣的沈積岩主要分布在中央山脈西部麓山帶，岩性以碎屑岩為主，愈往西側緊鄰現代沖積層，是為海岸平原。台灣南端的恆春半島主要為中新世的碎屑岩和珊瑚礁石灰岩。東部海岸山脈亦有碎屑岩、與珊瑚礁石灰岩分布。

西部麓山帶和海岸平原

西部麓山帶原始沈積位置在亞洲大陸邊緣大陸棚一帶，其形成乃受呂宋島弧和歐亞板塊的碰撞，把海底大陸棚上的沈積物往西擠壓，隆起變成山地，受風化侵蝕形成今日的丘陵，因距板塊邊界較遠，沈積岩層並未產生變質作用。西側的海岸平原，近地表的岩層大多是中央山脈崩落下來的鬆散沈積物，這裡還包含一連串的台地，其組成物質為礫石或夾有泥沙層。

▌林口台地礫石。

西部麓山帶和海岸平原沉積岩層分布圖

就本島而言，地表出露的沈積岩層有明顯的側向變化，由東向西、由北而南逐漸年輕。

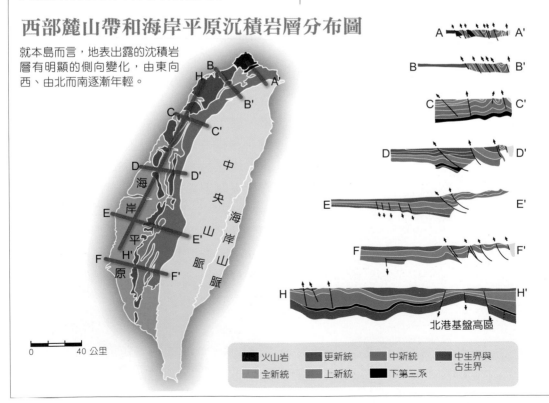

北港基盤高區

0　　　40公里

| ■ 火山岩 | ■ 更新統 | ■ 中新統 | ■ 中生界與古生界 |
| ■ 全新統 | ■ 上新統 | ■ 下第三系 | |

恆春半島

恆春半島位於台灣最南端，中央山脈尾端的山嶺，亦為中央山脈僅存的沈積岩。由於板塊活動仍持續進行，使數十萬年來在恆春半島周圍生長的珊瑚礁形成多階石灰岩台地，岩石內可見珊瑚、藻類、貝類、有孔蟲等生物遺骸。

▌墾丁森林遊樂區內的石灰岩地形。

海岸山脈

主要由三套岩層構成，一是呂宋島弧組成的火成岩，歸為都巒山層；二是沉積岩或火成岩外來一塊等混同層，歸為利吉層；三是碎屑沈積岩，歸為蕃薯寮層、八里灣層以及卑南山礫岩。在上新世，呂宋島弧北端撞上台灣本島，形成海岸山脈。島上的地層被侵蝕，在海底堆積成蕃薯寮層，同時在火山島周邊亦有珊瑚礁逐漸發育，形成都巒山層頂部的石灰岩。

▌穿越海岸山脈的秀姑巒溪河岸所見砂頁岩互層。

海岸山脈沉積岩層分布圖

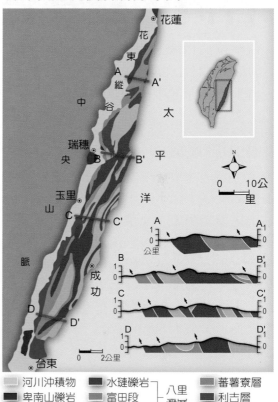

河川沖積物 ／ 水璉礫岩 ／ 蕃薯寮層
卑南山礫岩 ／ 富田段 ／ 利吉層
泰源段 ／ 都巒山層
（八里灣層）／ 變質岩

雪山地塹

古台灣島是由兩個板塊聚合、擠壓而形成，也就是現今台灣島的基盤。之後古台灣島漸漸拉張，出現西淺東深的海底半地塹盆地，較深處出現深海泥堆積，淺處則堆積細沙。層層堆積後，這個半地塹沈積盆地就稱為雪山槽，後來因蓬萊造山運動隆起成雪山山脈。

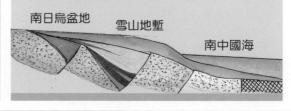

南日烏盆地　雪山地塹　南中國海

台灣的變質岩分布

台灣位於板塊交界處，受板塊擠壓而隆起成高聳的山脈，同時岩石的結晶組織與礦物成分，因為溫度、壓力增高而發生變質作用，形成變質岩。台灣的變質岩主要分布於中央山脈和雪山山脈，在花東縱谷則有一些零星的岩塊分布。

中央山脈東翼

中央山脈地層複雜，為台灣最古老、面積最寬廣（達4600平方公里）的變質岩地區，主要是由原來沈積岩和火成岩經過變質作用而造成各種板岩、片岩和變質石灰岩（大理岩），其中黑色片岩、綠色片岩和矽質片岩是構成本變質岩帶的三種主要片岩，而在片岩帶外圍，鄰接著第三紀低度變質岩，如板岩和千枚岩，劈理良好，大多為深灰或灰黑色。

▌花蓮蘇花公路的海邊可見到許多大理岩石。

▌花蓮蘇花公路的清水斷崖段為變質砂岩（石英岩）。

地質

花蓮太魯閣國家公園裡的九曲洞景觀。

中央山脈西翼與雪山山脈

本區的變質作用程度較東翼小，大部份的岩石是原來的泥質岩石經變質作用而成深灰或灰黑色而劈理良好的硬頁岩、板岩和千枚岩。而雪山山脈最常見的變質岩為變質砂岩，相當堅硬，礦物組成幾乎是石英的變質砂岩，又稱為石英岩。

花東縱谷

花東縱谷為歐亞板塊和菲律賓海板塊運動的交界，又太魯閣國家公園的大理岩和片麻岩等變質岩最為明顯。其中在中橫公路上從燕子口到慈母橋出露約十多公里連續岩體，為大理岩最大且完整的露頭，甚為壯觀；另外，在海岸山脈南側可發現小規模的變質岩體，夾雜於利吉混同層中。

雪山山脈亦為變質砂岩。

台東利吉層泥岩，夾雜變質岩體。

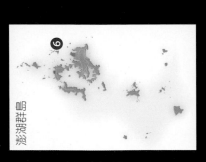

最佳觀石或採石地點 （資料來源：參考中央大學應用地質研究所網站）

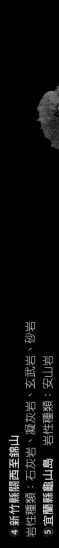

火成岩主要觀察點

1 台北市貴子坑
岩性種類：安山岩、白色粗粒砂岩

2 台北市陽明山國家公園
岩性種類：安山岩

3 新北市觀音山
岩性種類：普通輝石安山岩熔岩、紫蘇輝石安山岩、角閃石紫蘇輝石安山岩、黑雲母角閃石安山岩、火山碎屑岩

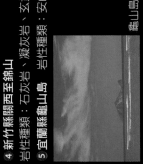

觀音山

澎湖群島

4 新竹縣關西至錦山
岩性種類：石灰岩、凝灰岩、玄武岩、砂岩

5 宜蘭縣龜山島
岩性種類：安山岩

龜山島

6 澎湖縣員貝嶼
岩性種類：玄武岩

玄武岩

7 花蓮石梯坪
岩性種類：火山凝灰岩

8 台東三仙台
岩性種類：安山岩、玄武岩與灰狀安山岩

9 綠島
岩性種類：安山岩與火山碎屑岩

10 蘭嶼
岩性種類：安山岩與火山碎屑岩

地質

沉積岩主要觀察點

11 新北市濱海公路
岩性種類：砂岩、頁岩
濱海公路南雅海蝕平台

12 苗栗縣出磺坑油礦
岩性種類：厚層淺灰色混濁砂岩與黑色頁岩、砂岩與頁岩之薄互層、石英砂岩

13 嘉義縣觸口
岩性種類：海相地層以頁岩及次混濁砂岩

14 台南縣關子嶺至六甲
岩性種類：砂岩、粉砂岩及頁岩互層，偶含較厚的砂岩及豐富的貝類和有孔蟲化石以及漂流木碎塊

15 台南與高雄旗楠公路
岩性種類：砂岩、頁岩、礫石層

16 高雄市三民區民族村至甲仙鄉小林村
岩性種類：頁岩、砂岩

17 屏東縣三地門
岩性種類：紅土礫石層和板岩層

18 屏東縣恆春半島
岩性種類：石灰岩紅土礫石層

墾丁牧場

19 新北市北宜公路新店至坪林沿線
岩性種類：深灰色硬頁岩夾薄層鈣質砂岩，或細粒泥質砂岩與硬頁岩互層，含小型有孔蟲、海膽及腹足類化石

20 新北市新店至烏來的新烏公路沿線
岩性種類：砂岩與深灰色硬頁岩，含鳥類化石

21 宜蘭與花蓮縣蘇澳花公路蘇澳至南澳段沿線
岩性種類：板岩與千枚岩、石墨片岩、綠泥石片岩、石英片岩、矽質片岩、大理岩、片麻岩、角閃岩、白雲岩、蛇紋岩及偉晶花崗岩

22 宜蘭縣牛鬥至員山
岩性種類：四稜砂岩、黑色板岩、黑灰色硬頁岩、板岩質頁岩

23 花蓮縣太魯閣國家公園
岩性種類：片岩、千枚岩、大理岩、變質砂岩與礫岩、變質礫岩之基和中火成岩以及片麻岩

24 台南縣南部橫貫公路甲仙到桃源口山莊沿線
岩性種類：頁岩、硬頁岩、板岩、千枚岩、片岩

11 龍洞灣公園
地址：東北角海岸國家風景區
電話：02-24909445

12 龍洞南口海洋公園
地址：東北角海岸國家風景區
電話：02-24903711-3

7 台灣大學地質科學系石頭公園
地址：台北市羅斯福路4段1號台灣大學地質科學系
電話：02-33662950

8 野柳地質公園
地址：新北市萬里鄉野柳村港東路167-1號
電話：02-24982016

野柳

9 麟山鼻、北海岸及觀音山國家風景區
地址：新北市石門區德茂村下員坑33之6號
電話：02-26364503

10 東北角海岸國家風景區
地址：新北市貢寮區福隆村興隆街36號
電話：02-24991115

知性與健康的石頭公園

1 暖江橋壺穴
地址：基隆市暖暖區源遠路暖江橋
電話：02-24626829

2 和平島公園
地址：基隆市平一路360號
電話：02-24626829

基隆八斗子和平島海岸

3 芝山岩
地址：台北市至誠路1段芝山岩小山
電話：02-25565169台北市文獻會，C2-23638959中華民國自然步道協會

4 陽明山小油坑
地址：台北市陽明山竹子湖路69號，陽明山國家公園內陽金公路小觀音站右轉入
電話：02-28613601

5 貴子坑水土保持教學園區
地址：台北市秀山路82號
電話：02-27256634

5 龍鳳谷
地址：台北市泉源路200號北投遊客服務中心
電話：02-28935580

台北北投貴子坑 有褶皺構造的五指山層白砂岩

地質

石雨傘

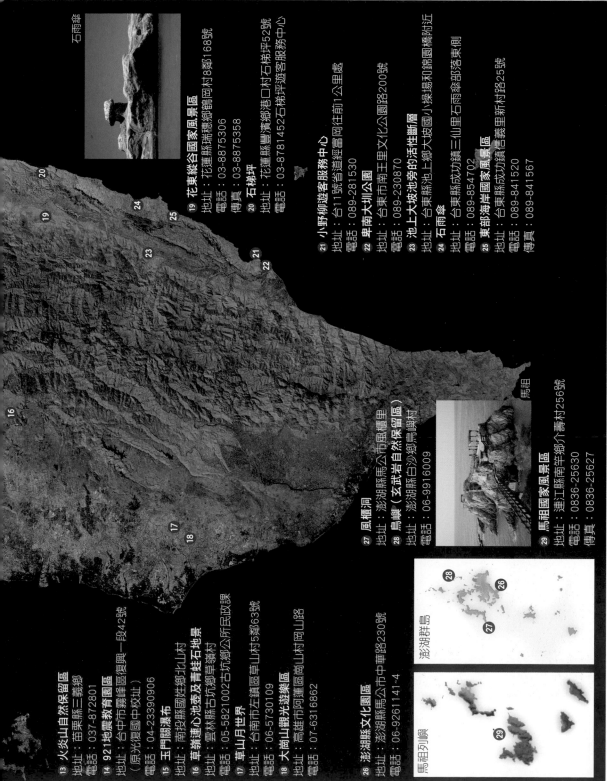

19 花東縱谷國家風景區
地址：花蓮縣瑞穗鄉鶴岡村8鄰168號
電話：03-8875306
傳真：03-8875358

20 石梯坪
地址：花蓮縣豐濱鄉港口村石梯坪52號
電話：03-8781452石梯坪遊客服務中心

21 小野柳遊客服務中心
地址：台11號省道經富岡往前1公里處
電話：089-281530

22 卑南大圳公園
地址：台東市南王里文化公園路200號
電話：089-230870

23 池上大坡池旁的活性斷層
地址：台東縣池上鄉大坡國小操場和錦園橋附近

24 石雨傘
地址：台東縣成功鎮三仙里石雨傘部落東側
電話：089-854702

25 東部海岸國家風景區
地址：台東縣成功鎮信義里新村路25號
電話：089-841520
傳真：089-841567

27 風櫃洞
地址：澎湖縣馬公市風櫃里

28 鳥嶼（玄武岩自然保留區）
地址：澎湖縣白沙鄉鳥嶼村
電話：06-9916009

29 馬祖國家風景區
地址：連江縣南竿鄉介壽村256號
電話：0836-25630
傳真：0836-25627

馬祖

13 火炎山自然保留區
地址：苗栗縣三義鄉
電話：037-872801

14 921地震教育園區
地址：台中市霧峰區(復興)一段42號
（原光復國中校址）
電話：04-23390906

15 玉門關瀑布
地址：南投縣國姓鄉北山村

16 草嶺連心池壺及青蛙石地景
地址：雲林縣古坑鄉草嶺村
電話：05-5821002古坑鄉公所民政課

17 草山月世界
地址：台南市左鎮區草山里5鄰63號
電話：06-5730109

18 大崗山觀光遊樂區
地址：高雄市阿蓮區崗山村崗山路
電話：07-6316862

26 澎湖縣文化園區
地址：澎湖縣馬公市中華路230號
電話：06-9261141-4

澎湖群島

馬祖列嶼

台灣土壤的種類

台灣位處歐亞大陸板塊的交會處，孕育出全世界所存在的各類土壤（冰凍土除外）。有火山活動殘留下來的灰燼土；有高山針葉林下生成的淋澱土；有熱帶及亞熱帶下生成的極育土、淋溶土及氧化物土；有草原植物環境生成的黑沃土及膨轉土；有台灣西南沿海生成之鹽鹼性質的旱境土；以及河川沖積生成的淋溶土、弱育土及新成土等，有如一座「世界土壤博物館」。

土壤生成因子

土壤乃由岩石風化而成，在風化過程中，受到母質、地形、氣候、植被和時間等五大因子影響，形成厚度、色澤不一，由礦物質、有機物、水份與空氣組成的土壤。

土壤剖面

指地殼表層部份垂直面，主要包括O、A、E、B、C等層次（如圖）。A、B層為主要的土壤層，C層之下稱為R層（母岩層），但不算土壤。根據土壤剖面各種層次的排列組合代表土壤的化育過程，可作為土壤分類的依據，利於土壤管理及土地利用規劃。

台灣的十一個土綱

有機質土　　淋澱土　　灰燼土　　氧化物土　　膨轉土　　極育土

地質

土壤剖面示意圖

診斷表域層

 O層：
最近地表的土壤，乃由腐植質和未分解的枯枝殘葉等有機物所構成。

 A層：
位於O層下方，由腐植化的有機物與礦物質混合累積而成。

診斷化域層

 E層：
因受到水份淋洗，使土壤中的可溶性和細粒物質產生向下移動的現象，僅殘留石英與顆粒較粗的砂粒與坋粒，此礦物質土層稱之為E層。

 B層：
由E層洗出的礦物質，洗入聚積而成，土壤顆粒較細。

C層：
剛風化之母岩表層，尚未有上述土壤層次的特徵。

黑沃土

淋溶土

弱育土

新成土

旱境土

台灣土壤分類系統

目前世界上最主要的土壤分類系統是美國土壤新分類系統，按土壤的生成、化育作用可分為十二個土綱，除分布在溫帶或寒帶氣候中的冰凍土綱外，台灣地區擁有十一個土綱，以下將分別介紹。

有機質土

大多數的有機質土為泥碳土或腐泥土，均是在水體中聚積生成，具強酸性，排水性差，作物生長不佳。主要分布於台灣高山潮溼的原始森林或高山湖泊周圍，平地地區則分布在河流或沼塘窪地。

▍宜蘭大同鄉的松羅湖因為終年潮濕，形成有機質土。

淋澱土

生成於氣候涼溼地區，具有一層由有機物與鐵、鋁結合的物質，因水份由上層土壤帶至B層而形成淋澱化育層的土壤。土壤屬強酸性，通氣與透水性均不良。主要分布於台灣高山。

▍淋澱土比較容易在雪山山脈、中央山脈和阿里山山脈發現。圖為阿里山瑞里山區。

地質

陽明山國家公園的土壤為火山灰土,不利植物生長及農耕。

灰燼土（火山灰土）

主要由火山灰性質的土壤所組成,主要分布在火山地形的陽明山國家公園內。灰燼土很輕,為強酸性與高鋁含量土壤,施磷肥效果低,只有耐酸的植物才能適應而成長。

氧化物土

發生於熱帶或亞熱帶溼潤地區,土壤化育時間長,因長期的淋洗及風化作用下,土壤中礦物僅剩下氧化鐵、鋁與抗風化能力較強的高嶺石與石英,土壤肥力低。分布於台灣沖積台地上,如桃園楊梅、南投埔里等台地的紅壤,是國內已知年齡最老的土壤。

膨轉土

在東部火成岩混合泥岩生成的黑色土,土層深後,保肥、保水力強,粘粒含量高,會隨著土壤水分含量不同而呈現膨脹收縮的特性。膨轉土透水性緩慢,較適合水田耕作,不適合旱作耕種、樹木植栽。例如台東池上米就頗負盛名。

新舊土壤分類名稱對照

美國舊分類系統 （1949）	美國新分類系統 （1999）
石質土	新成土
灰壤	淋澱土
灰化土	弱育土、淋澱土
暗色崩積土	弱育土
淡色崩積土	弱育土
幼黃壤	弱育土、淋溶土、極育土
黃壤	淋溶土、極育土
紅壤	淋溶土、極育土、 氧化物土
退化紅壤	淋溶土、極育土
黑色土	灰燼土、有機質土、 黑沃土、膨轉土
老沖積土	弱育土、淋溶土
新沖積土	新成土、弱育土
混合沖積土	新成土、弱育土、淋溶土
台灣粘土	弱育土、淋溶土、極育土
鹽土	新成土、極育土、旱境土

南投埔里的鯉魚潭。

▌ 蘭嶼的極育土地形。

▌ 台東都蘭的農田。

極育土

高溫多雨的環境所生成的土壤，在B層中有一粘粒聚積的土層，土壤較酸，鹽基貯藏量低，肥力差。分布於台灣的丘陵台地（如中壢、林口、大肚山、鹿野等地），為顏色偏紅棕色且較黏的土壤。

黑沃土

黑色的土體、高含量有機質、富含鹽基性離子、土壤構造發達且地力肥沃的土壤。台灣地區主要分布在東部海岸山脈的沿海台地上，如花蓮縣豐濱、台東縣成功與長濱一帶。

新成土

指新生成的礦物質土壤，可發生於任何地形、氣候條件下，僅有薄薄的一層土壤（約30公分左右），或是由不同年代的沖積土混合堆積而成。大多分布於陡坡地、西部河流入海口、新沖積平原等，土壤肥沃，是農業生產主要分布的土壤之一。

▌ 新成土通常分布再新沖積平原、洪汜平原或陡峭的山坡地，土壤形成的時間較短而缺乏分層。圖為蘭陽平原。

地
質

台南沿海地帶。

淋溶土

與極育土壤性質類似，但因淋洗程度較極育土弱，或是農民在極育土上施用大量肥料而使得鹽基性離子含量較高，土壤較極育土肥沃。大部份分布在台灣西部沖積年代較為久遠的平原耕地中，如台南縣新營、柳營、善化等地，是台灣主要的農業生產地之一。

弱育土

用於歸納土體輕微或中度化育的土壤，多位於年輕的地表面。相當於各類母質之中淺層、中粗質地土壤，是台灣西部主要沖積平原（竹南、彰化平原、嘉南平原和高屏平原）的農耕土壤，或是丘陵地上的主要土壤，為台灣農業生產的最大產地之一。

旱境土

乾旱地區的主要土壤，常有大量的可溶性鹽類與黏粒聚積，土壤構造較為緻密堅硬，地面少有植物生長。台灣雖沒有乾旱氣，但台灣西南部的嘉義、台南沿海地區，雨量較少，日照強烈，所形成的鹽土為旱境土綱。

台灣西南沿海的鹽土為旱境土的一種，含鹽量達0.4%，不利作物生長。

嘉南平原。

台灣的縣土

「縣土」是該縣市面積最大或最重要的代表性土壤。藉由「縣土」的介紹，讓人們一談到土壤，至少能對該地的自然環境及生活週遭的土壤有個概念性的認識，例如談到桃園市就能想到氧化物土(紅壤)，因而落實土壤保育及開發管理的基礎教育。

花蓮縣土（土綱：黑沃土）

宜蘭縣土（土綱：新成土）

苗栗縣土（土綱：極育土）

台中市土（土綱：弱育土）

新北市土（土綱：極育土）

台北市土（土綱：灰燼土）

桃園市土（土綱：氧化物土）

新竹縣土（土綱：弱育土）

南投縣土（土綱：極育土）

彰化縣土（土綱：弱育土）

雲林縣土（土綱：淋溶土）

台東縣土（土綱：膨轉土）

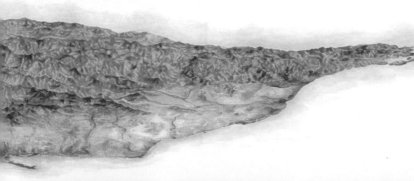

澎湖縣土（土綱：淋溶土）

嘉義縣土（土綱：極育土）

台南市土（土綱：淋溶土）

高雄市土（土綱：弱育土）

屏東縣土（土綱：弱育土）

地形

澎湖桶盤嶼的柱狀玄武岩地景。

台灣的大尺度地形

台灣是個年輕的高山島，在內外營力的交互作用下，整體的地形景觀由山脈、丘陵與台地、盆地和平原等五大地形所構成。

山脈

台灣的中央、雪山、玉山和阿里山等主要山脈，主要是受來自東南方菲律賓撞上歐亞大陸板塊，發生劇烈的擠壓隆起所形成，而菲律賓海板塊上的火山島弧之北端形成了今日東部的海岸山脈。全島山脈呈東北——西南走向，並占全島的三分之二以上。

中央山脈

北起宜蘭縣蘇澳，南抵鵝鑾鼻，全長340公里，為台灣最長的山脈，也成為島上河流主要的分水嶺，有「台灣屋脊」之稱，主脊線上地勢高聳，最高峰為秀姑巒山，高3,860公尺。

▎玉山。

玉山山脈

位於南台灣的中央山脈西側，北起玉山山塊，南抵高雄縣六龜鄉的十八羅漢山附近，長約180公里，是台灣五大山脈中最短者，其中海拔3,952公尺的玉山主峰，為東亞第一高峰。

▎秀姑巒山。

▎雪山山脈。

雪山山脈

北起三貂角，南迄濁水溪北岸的濁水山，為台灣最北端的山脈，總長約200公里，為本省第二大山脈，雪山主峰高3,884公尺，為島上第二高峰。因緯度較高，附近有許多疑似冰河地形的遺跡。

海岸山脈

位於台灣島東緣，與西方中央山脈隔著由斷層作用造成的花東縱谷。北起花蓮，南迄台東，長約200公里，是五大山脈中地勢最低矮的，平均高度約1,000公尺。山脈的主脊是由一系列錐狀火山連接而成，因正位於板塊交界處，地震頻繁，並造成許多隆起地形。

▎阿里山山脈。

阿里山山脈

位於玉山山脈西方，北起南投縣集集鎮的濁水溪南岸，南抵高雄縣燕巢鄉的雞冠山，長約250公里，平均高度為2,000公尺。與東方的玉山山脈間形成一大斷層，造成阿里山東坡陡，西坡緩的地勢。有森林鐵路通過，是台灣高山最早開發的地區。

▎海岸山脈。

台灣的五大地形分布圖

蘭陽平原

▲大屯火山群

台北盆地

林口台地

桃園台地

雪

中

▲南湖大山

央

山

▲大霸尖山

▲雪山

山

▲奇萊山

▲合歡山

脈

海

花

湖口台地

竹東丘陵

飛鳳山丘陵

竹南丘陵

苗栗丘陵

埔里盆地

脈

▲九份二山

▲九九峰

台中盆地

大肚台地

八卦台地

彰化平原

台灣五嶽

台灣山嶽雄偉高峻,其中玉山(台灣第一高峰,3,952公尺)、雪山(台灣第二高峰,3,886公尺),秀姑巒山(中央山脈第一高峰,3,824公尺)、南湖大山(中央山脈北端最高峰,3,742公尺)與大武山(中央山脈南端最高峰,3,092公尺)有"台灣五嶽"之稱。

▌玉山山脈。

▌雪山。

地形

岸
東
山
脈
縱
谷
中
▲秀姑巒山
玉山
▲玉山
玉
央
▲關山
山
山
阿
山
脈
脈
里
山
脈
山
脈
綠島
蘭嶼
屏東平原
嘉義丘陵
新化丘陵
小琉球
斗六丘陵
柴山
嘉南平原

秀姑巒山。

南湖大山。

大武山。

石門水庫眺望桃園地區。

丘陵與台地

位於台灣五大山系以西，除了少數因褶曲作用或火山噴發而隆起，大多為古沖積扇經河川切割及陸地相對抬升所造成起伏平緩之地形，高度皆在數百公尺以下。台地因其形貌由四周為陡崖包圍，頂部平坦，類似講台狀而命名。本島主要丘陵有四個，即基隆竹南丘陵、嘉義丘陵、豐原丘陵和恆春丘陵；主要台地為桃園台地、后里台地、八卦台地和大肚台地。

盆地

中間低平、四周環山的地形稱為盆地。規模較大的盆地有台北盆地、台中盆地、埔里盆地及台東的泰源盆地等，大多是因斷層下陷而造成的構造盆地。通常陷落盆地的周邊會露出岩層陷落時所造成的斷層面，如台北盆地西北側的林口斷層。

平原

幼年期的沖積平原。

分布在近海地區和河流兩側，高度在100公尺以下。除了部份隆起性的海岸平原（如台中清水、彰化沿海及花蓮沿海等），大部份都是河流沖積而成的平原。

台北盆地。

地
形

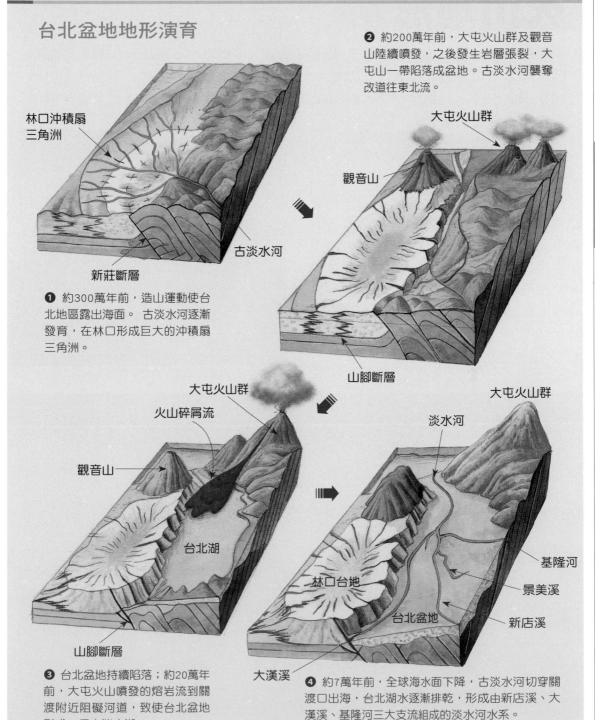

台北盆地地形演育

林口沖積扇
三角洲

新莊斷層

古淡水河

❶ 約300萬年前，造山運動使台北地區露出海面。 古淡水河逐漸發育，在林口形成巨大的沖積扇三角洲。

❷ 約200萬年前，大屯火山群及觀音山陸續噴發，之後發生岩層張裂，大屯山一帶陷落成盆地。古淡水河襲奪改道往東北流。

大屯火山群

觀音山

山腳斷層

大屯火山群

火山碎屑流

觀音山

台北湖

山腳斷層

❸ 台北盆地持續陷落；約20萬年前，大屯火山噴發的熔岩流到關渡附近阻礙河道，致使台北盆地形成一個大淡水湖。

大漢溪

淡水河

大屯火山群

林口台地

台北盆地

基隆河

景美溪

新店溪

❹ 約7萬年前，全球海水面下降，古淡水河切穿關渡口出海，台北湖水逐漸排乾，形成由新店溪、大漢溪、基隆河三大支流組成的淡水河水系。

火山地形

台灣及鄰近海域的火山活動與板塊隱沒作用密切相關，根據地理位置和生成原因，大致上可分為北部火山岩區如大屯山火山群和基隆火山群、西部火山岩區如澎湖火山群、和東部海岸山脈和綠島、蘭嶼組成之東部火山區等三區，形成各具特色的火山地形。

大屯火山群

位於台北盆地北方，經歷200多萬年的噴發活動，包括20餘座大小火山，是台灣島上規模最大的火山區。主要分布於金山斷層與崁腳斷層之間的區域內，並包括淡水河南岸的觀音山，火山地形保持得相當完整，有圓錐火山、火山口及噴氣孔……等。

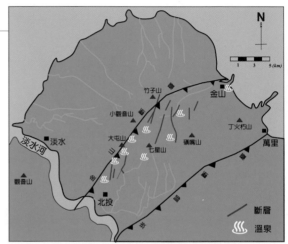

大屯火山群斷層、溫泉和熱水換質區的分布圖。

淡水河北岸的大屯火山群是台灣最大的火山區。

台灣火山分布圖

台灣地區可分為北部、東部和西部三個主要火山區。

【北部火山區】

大約在距今280萬至250萬年前噴發，中間經多次噴發，到約40萬年前才停止，是台灣三個火山岩區中最年輕的一區。北部火山區包含了大屯火山群、基隆火山群、觀音山、草嶺山（大溪慈湖），以及外海的北方三小島（彭佳嶼、棉花嶼、花瓶嶼）、基隆嶼、龜山島和釣魚台列嶼。

【東部火山區】

距今約2000萬至50萬年之間形成，包括海岸山脈、綠島和蘭嶼。組成的岩性主要是安山岩。

【西部火山區】

距今約3000萬至800萬年之間所形成，主要的區域包括西部山麓帶和澎湖群島，是由玄武岩質的岩漿冷凝而成的玄武岩構成。

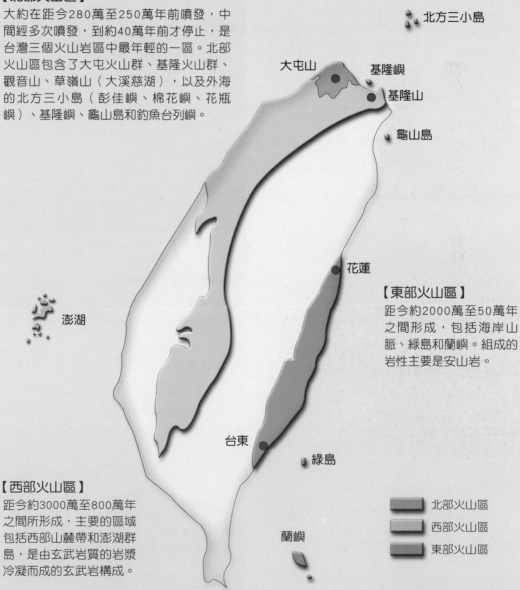

北方三小島

大屯山　基隆嶼　基隆山

龜山島

花蓮

澎湖

台東　綠島

蘭嶼

北部火山區
西部火山區
東部火山區

地形

大屯火山群噴發的演變

250萬年前
岩漿形成於擠壓的地體構造環境，只有零星的岩漿上升至地表噴發。

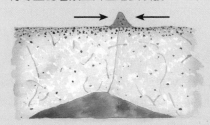

80萬年前
台灣北部由擠壓應力場轉變為張裂的地體構造環境，形成沉陷火山口。

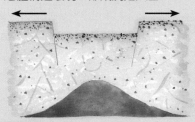

70萬年前
大量岩漿沿著地塊沉陷的裂隙上升至地表噴發。

現在
噴發後的火山圍繞沉陷火山口分布。

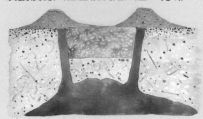

▎由擎天崗草原可見七星山的獨特山形。

七星山與紗帽山

大屯火山群的最高峰，約1,120公尺，乃由火山噴出的熔岩和碎屑岩層層堆疊，而成錐形的山體，頂部原有一火山口，但在火山噴發結束後被侵蝕成七個小山頭而得名。紗帽山則為七星山的寄生火生，因其熔岩流較為黏稠不易流動，因此形成邊坡陡峻的鐘狀外觀，形似古代朝廷的烏紗帽而得其名。

▎紗帽山。

竹子湖

位於七星山與大屯火山之間,海拔約500公尺。該山凹曾被兩座火山所噴發的熔岩流堵塞成湖,而從四周山坡流下來的水流逐漸將坡面上的凝灰岩物質攜入湖中堆積,而將其淤滿成一平坦階地。

┃ 竹子湖與七星山。

面天池

面天山上有兩個噴發口,靠西側的火山口,直徑230公尺,深度達45公尺,類似漏斗,後因積水成湖,稱為面天池。

大小油坑與噴氣孔

火山活動終止後,地底下的餘熱使得地底下累積之蒸氣壓力增大,並在某些地點,如火山口或斷層附近爆破地面而出,造成爆裂口,在爆裂口內常有噴氣孔、硫氣孔和溫泉的存在,如金山斷層一帶的大小油坑、馬槽、北投大磺嘴等。

基隆山火山群

分佈在新北市九份、金瓜石一帶的七座火山,分別為基隆山、新山、牡丹坑山、賽蓮山、金瓜石本山、草山和雞母嶺等,除草山和雞母嶺外,皆由岩漿侵入並未噴發,後因上部岩層被侵蝕移除後而露出地表,因此並無溫泉、噴氣孔等火山地形,但礦產資源卻很豐富,主要產金銅銀礦。

┃ 基隆山。

龜山島形成圖

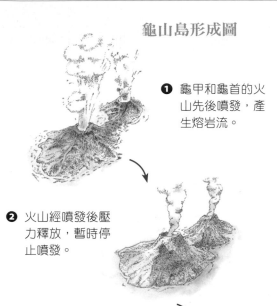

❶ 龜甲和龜首的火山先後噴發，產生熔岩流。

❷ 火山經噴發後壓力釋放，暫時停止噴發。

❸ 龜甲和龜首的火山再次噴發，並產生大規模爆裂。

龜山島

位於宜蘭東方約12公里的海面上，全島面積約2.7平方公里，地形上可分為龜首、龜甲和龜尾等三個部份。全島皆為岩漿所凝固的火山岩，主要是由安山岩質的熔岩流和火山碎屑岩互層所組成，而且尚可發現旺盛的硫氣孔和噴氣孔，及海底冒出的大量的湧泉，火山地形十分豐富。

▌龜山島龜首處的海底湧泉。

❹ 爆裂後的火山口逐漸消失，留下陡峭山壁和順勢漫延的熔岩流。

▌位於宜蘭東方外海的龜山島。

地形

澎湖桶盤嶼的柱狀玄武岩景觀。

澎湖火山群

澎湖的火山主要是於海底噴發的玄武岩為主，因玄武岩岩漿黏稠性較低，因此易往四周流動而覆蓋大面積的海底，形成熔岩台地。待玄武岩熔岩流冷卻後形成垂直、水平、扇狀或傾斜等形狀之柱狀節理，隨著海面相對下降而露出海面時，歷經長期風化和侵蝕作用，形成一座座柱狀節理的方山島嶼地形。

綠島、蘭嶼

兩者皆為海底火山後經陸地上升形成的火山島，全島幾乎皆由安山岩質的

綠島海參坪的火山口遺跡。

火山碎屑岩及熔岩流所組成，島上的山頭皆保存著原來的火山地形，以及不同年代的火山岩和火山產物。蘭嶼的火山地形較綠島陡峭，顯示蘭嶼火山可能更為年輕。

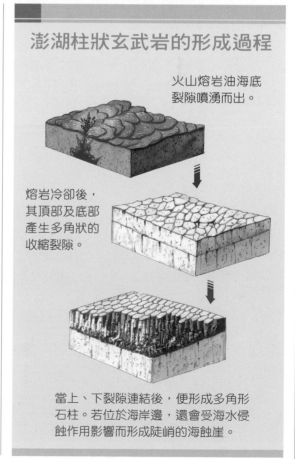

澎湖柱狀玄武岩的形成過程

火山熔岩油海底裂隙噴湧而出。

熔岩冷卻後，其頂部及底部產生多角狀的收縮裂隙。

當上、下裂隙連結後，便形成多角形石柱。若位於海岸邊，還會受海水侵蝕作用影響而形成陡峭的海蝕崖。

河流地形——侵蝕作用

台灣河流呈東西分流，坡陡流短，水流湍急。加上台灣降雨豐沛，乾溼季分明，使得河流猶如大地的雕刻刀，於中上游處刻劃出豐富的河蝕地形，在台灣常見的河蝕地形有壺穴、瀑布及峽谷等。

河谷

山地的邊坡經河流不斷地側蝕及向下侵蝕，形成中央低陷而兩側陡峻的狹長地形，稱之為「河谷」。台灣山勢陡峭，降雨豐沛，河川上游區常形成「V」河谷。

立霧溪的太魯閣峽谷

立霧溪上游因水量豐沛，主支流的下切作用旺盛，同時受到陸地持續抬升，使下蝕力加速，再加上兩側為堅硬耐蝕的大理石，而形成狹窄深峻、兩壁陡峭的峽谷地形。

花蓮太魯閣國家公園九曲洞附近的峽谷地形。

基隆河上游的十分瀑布

十分瀑布是因不同岩層受到差異侵蝕所造成，其上層為較堅硬的岩層，下層為抗蝕力較差的軟岩，當河水從上游往下流，下切力量強，造成河床近20公尺的落差。其寬度約達40公尺，是台灣最大的簾幕式瀑布，故有「台灣尼加拉瓜瀑布」之稱。

基隆河懸谷式眼鏡洞瀑布

基隆河上游的月桃寮溪於匯入基隆河處，因主流下切力比支流強大，造成兩者河床的落差，而形成陡崖，此類型稱之為懸谷式瀑布。因沖下的水流撞擊到下方河床硬岩後回流，侵蝕岩壁底部軟岩而形成兩個凹洞，形如眼鏡而得名。

十分瀑布。

眼鏡洞瀑布。

基隆河壺穴群

在雨量集中、河流坡度陡、節理明顯以及河川發生回春作用等條件下，河水行經急流或瀑潭中，常有漩渦伴生，挾帶砂石挖鑽堅硬岩層的河床，形成圓弧形凹穴，稱為壺穴。基隆河中上游，三貂嶺到大華、暖暖附近，以及八堵平溪之間的岩石河床上，形成千姿百態且不下數千個的壺穴，甚為可觀。

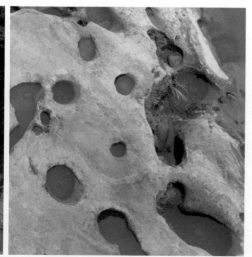

基隆河暖暖附近的壺穴地形。

河流的回春作用

當地殼抬升、河川流量增加、河道變窄等……因素，使河流的侵蝕基準下移，增強侵蝕力，河流地形因而回復到山高谷深及多瀑布急流的較年輕階段，稱之為回春作用。

當地表被侵蝕至一片平坦時，河道逐漸變得不明顯，甚至成為地表逕流

侵蝕基準面

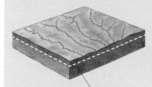

因地殼抬升或海平面下降，使得侵蝕基準面下降，河川再度開始侵蝕與堆積作用

← 幼年期
重啟侵蝕作用的河流逐步切穿地表，形成眾多峽谷

→ 壯年期
原本平緩的地面也因河川的側蝕作用，開始出現山丘與山谷

← 老年期
山丘與山谷因風化侵蝕等作用逐漸夷平，地面漸趨平坦

地形

河流地形——堆積作用

當河流發生流速降低、流量減少以及泥沙量增加等流水特性的變化時，經常導致河流的堆積作用，常見的地形有沖積扇、氾濫（沖積）平原及三角洲，也是構成台灣平原地形的主角。

台灣沖積扇分布

當河流由狹窄陡峻的山區進入寬廣平緩的谷地時，因坡度變緩、河谷加寬、河流流速變慢，於谷口向外形成扇狀的堆積地形。台灣河川流短坡降大，沖積扇地形發達，更新世之沖積扇經地殼不等量抬生，形成今日的丘陵台地。全新世的沖積扇則主要分布於蘭陽溪、花東縱谷與高屏溪等地。

和平溪沖積扇三角洲

和平溪輸砂量豐富，河流自山區流出谷口而堆積成沖積扇。由於谷口相當接近海岸，河流直接自沖積扇面流入海中，進一步沈積為三角洲，形成向海突出的弓形沖積扇三角洲。此地形既是沖積扇，亦是三角洲。

▎花蓮和平溪出海河口。

▎苗栗後龍汶水溪的沖積扇地形。

台灣更新世與全新世沖積扇分布

地形

- ■ 更新世沖積扇
- ■ 全新世沖積扇

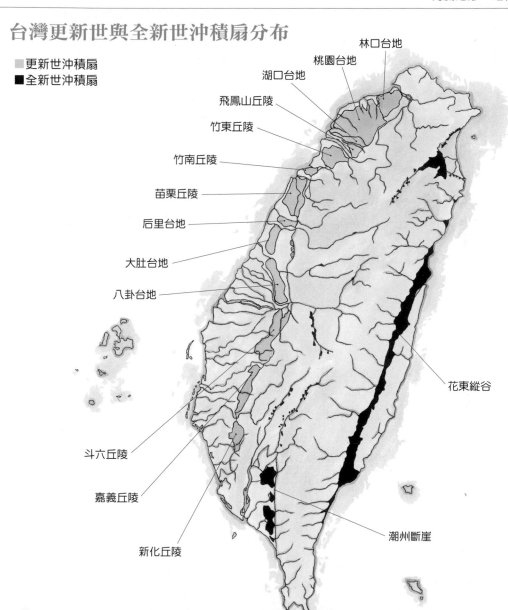

林口台地
桃園台地
湖口台地
飛鳳山丘陵
竹東丘陵
竹南丘陵
苗栗丘陵
后里台地
大肚台地
八卦台地
斗六丘陵
嘉義丘陵
新化丘陵
花東縱谷
潮州斷崖

沖積扇

沖積扇堆積物的粒度在扇頂最粗，在扇端處較小，又因這些堆積物的透水性好，地表水多滲入地下，因此在沖積扇扇端附近，地下水通常很豐富，有時會生成自流井。

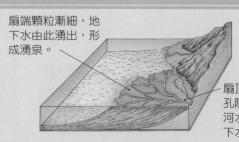

扇端顆粒漸細，地下水由此湧出，形成湧泉。

扇頂礫石粗大，孔隙大，雨水、河水易下滲為地下水。

花蓮富里六十石山眺望花東縱谷平原。

台東縱谷平原的聯合沖積扇

若有兩個以兩個以上沖積扇並排相連者，稱為聯合沖積扇。台東縱谷平原東西兩側的沖積扇有二十餘個，形成彼此交疊的聯合沖積扇，扇面河流呈現網狀流路，扇徑寬廣。因沖積扇彼此相接，早期成為南北聯絡的阻礙，今日縱跨各沖積扇興闢的省道，則循著沖積扇面的起落而呈現忽上忽下的律動。

嘉南及高屏沖積平原

洪水期間造成河流氾濫，在河道兩側形成的平坦地形，又名氾濫平原。如台灣西部的雲嘉南平原和高屏平原，河流經無數次的改道氾濫，在平原上留下了深厚的河床沈積物。

高屏溪上的斜張橋。

宜蘭扇狀三角洲平原

河流自陸地流入海洋時，所挾帶的物質於河口開始沉積，形成狀似三角形的三角洲地形，台灣河流因坡陡流急，未能形成如尼羅河等廣大的三角洲平原。

介於雪山山脈和中央山脈間的宜蘭平原，如一個畚箕形的等邊三角形，以三星、頭城和蘇澳為三個頂點，每邊的邊長約30公里，由蘭陽溪和其他溪流堆積的沖積扇為主體，海口為三角洲，因平原面上多網狀分流，易生洪患。

宜蘭三星鄉的蔥田。

蘭陽溪河流地形的土地利用

因應平原區內不同的地形區，居民各有適應環境的利用方式。如位於扇頂、土壤透水性佳的三星鄉，是著名的梨和青蔥產地。沿著臺九號公路發展的聚落，包括頭城、礁溪、宜蘭、羅東、蘇澳，位於取水方便的扇端湧泉帶上，以及近海的鄉鎮如壯圍、五結等，至清代已設置水利設施，使大片的平原盛產水稻，為東部重要穀倉。隨著北迴線鐵路通車和蘇澳港興建，以及後來的台二號公路和北宜高速公路通車，使原本的農業生日漸轉型為休閒觀光。

河蝕與河積共同作用之地形

台灣河流因坡陡流急，河流侵蝕力強，加以地殼不等量抬升，加速河流回春作用的發生，形成河流地形中由河蝕與河積所共同作用而成的曲流、河階及河川襲奪等地形。

基隆河的曲流及截彎取直

基隆河自南港以下坡度低緩，且因進入平坦的台北盆地，使河道在沖積層上自由擺動，發展出凹岸侵蝕，而凸岸堆積的曲流地形。

由於曲流河道的坡降比原地形面小，因此流速緩慢。一旦當基隆河上游集水區連下豪雨，在進入台北盆地時，因流速減緩而宣洩不及，以致溢流至兩岸造成氾濫。

政府為了降低台北盆地的土地使用壓力，乃將基隆河的幾個曲流彎進行截彎取直的工程，在河道兩側興築堤防，開發原先曲流河道所形成的堆積凸坡為都市用地。結果卻造成上游集豪雨時所匯聚的河水，在流至內湖之後，河道較原先縮短，坡度增加，致使河流侵蝕力增強，水位不斷攀升，並往上游河段積高，而引發其兩側低地的洪患，更加深原來的水患問題。

基隆河士林雙溪段。

截彎取直的基隆河。(紅色虛線表示截彎取直前的河段)

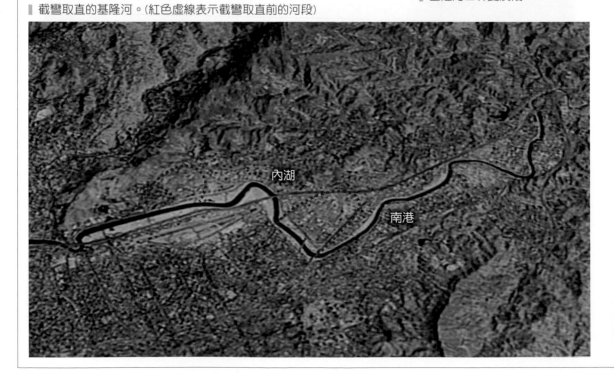

內湖

南港

河流的側切作用——曲流的發育

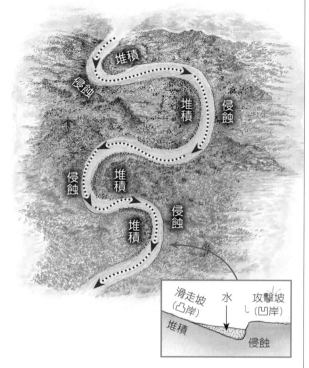

台中和平鄉大甲溪上游河谷。

地
形

濁口溪的成育曲流與環流丘

荖濃溪的支流——濁口溪,流經較軟弱的板岩岩層區時,侵蝕能力變強,在地盤緩慢的上升過程中,因此發育為兩岸不對稱的成育曲流。當曲流彎度過大,河流截斷曲流頸,新舊河道將山腳前端的基部圍繞成獨立的環流丘,且環流丘的高度達100公尺,這種高聳峻立的環流丘不但台灣罕見,在全世界亦不多見。

濁口溪的環流丘。

環流丘

大漢溪河階地形

大漢溪河階群主要以石門為中心，包含上游十多個河階，和下游的大溪河階群，前者為河流侵蝕下切所形成，後者因古台北盆地的陷落，使河流侵蝕基準面下降迅速，大漢溪由西改成由北流入盆地中，因河流的急速下切作用所形成，為台灣標準的河階地形，階面既寬且長，兩岸對稱，以大溪為中心，上至石門，下至鶯歌、三峽，其中一部份分布於桃園台地上，至少都有三層以上的階地，最低的一層比河床高出40公尺左右，最高的階地比河床高出200公尺以上。

▌大漢溪河谷。

▌貫穿大溪的大漢溪。

河階

當河流的下切力量增強，侵蝕基準下移時，原本的舊河床發生位移，形成高於新河床之階狀平台地形，稱之為河階，其取水方便又可免於氾濫之苦，常為人類聚落發展之地。台灣河階地形甚為普遍，亦為河流回春或陸地抬升之證據。

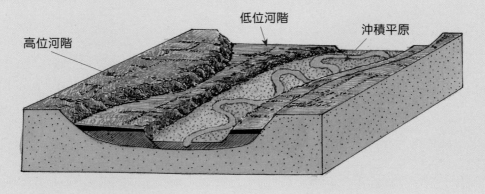

高位河階　　低位河階　　沖積平原

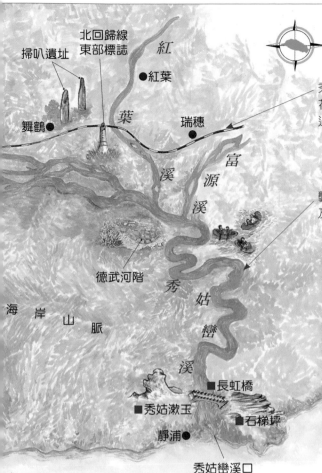

掃叭遺址

北回歸線東部標誌

紅葉

●紅葉

舞鶴●

葉

溪

瑞穗●

富

源

溪

德武河階

秀

姑

海 岸 山 脈

巒

溪

長虹橋

■秀姑漱玉

石梯坪

靜浦●

秀姑巒溪口

北

秀姑巒溪東折切出海岸山脈，襲奪花蓮溪之處；德武河階即是河川經過襲奪後，回春所形成的。

襲奪後，河川動能增加，形成峽谷及谷曲流。

地形

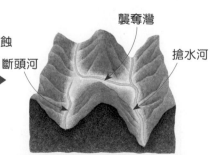
► 秀姑巒溪。

秀姑巒溪的河川襲奪

花蓮溪發源於中央山脈的秀姑巒山，向東注入花東縱谷，再轉向東北由花蓮入海。秀姑巒溪原發源於海岸山脈東側的奇美附近，因秀姑巒溪的向源侵蝕，切穿海岸山脈到達瑞穗，襲奪了花蓮溪在瑞穗以上的河段，使花蓮溪變成了「斷頭河」。而秀姑巒溪也因水量增加而發生「回春作用」，將海岸山脈切成峽谷與河階。

河川襲奪示意圖

河流向源侵蝕產生的崩塌地形

山的稜線常為河流的分水嶺

向源侵蝕

襲奪灣

斷頭河

搶水河

低位河向源侵蝕或側蝕作用而搶奪高位河的現象，稱為「河川襲奪」

由大甲溪認識豐富的河流地形

大甲溪為台灣中部的河川，其發源地海拔超過3,500公尺，河川坡度陡急，為台灣水力資源最豐沛的河川。整個流域的地形景觀包括峽谷、斷層瀑布、曲流及河階和下游的沖積扇平原，是河流地形的最佳實例。

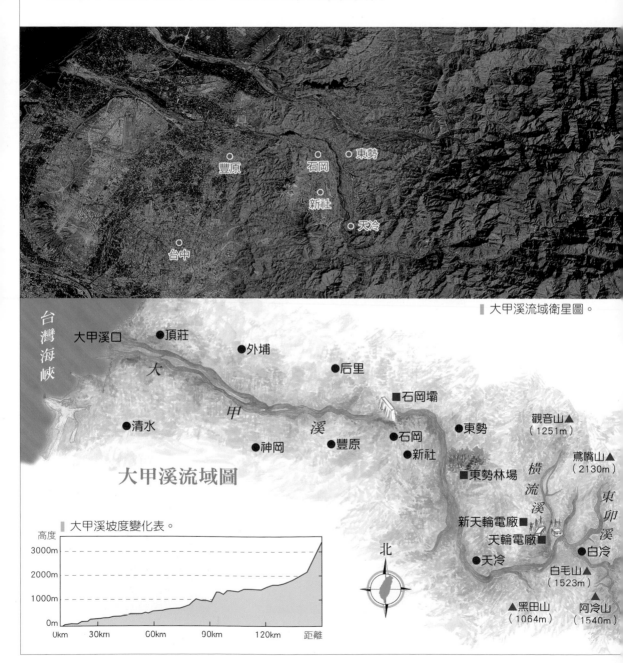

大甲溪流域衛星圖。

大甲溪流域圖

大甲溪坡度變化表。

地
形

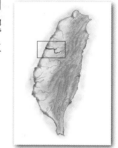

大甲溪上游的峽谷

大甲溪上游佳陽至谷關一段，橫切雪山山脈，河流下切作用旺盛，加上通過堅硬的厚層砂岩，因此形成著名的峽谷地形，如登仙峽谷。因自梨山至石岡約90公里流域之間，落差高達1800公尺，河谷兩側又為堅硬岩層，利於興建大壩，成為全台水力資源最豐沛之河川，共興建德基、青山、谷關、天輪、馬鞍、石岡等六座水庫，前五座皆配備水力發電廠，為台灣水力發電總量的四分之一。

大甲溪上游的峽谷景觀。

▲桃山（3325m）
▲品田山（3524m）
▲池有山（3303m）
▲羅葉尾山（2717m）
▲雪山北峰（3703m）
▲火石山（3310m）
櫻花鉤吻鮭
武陵農場
▲思源埡口
▲審馬陣山（3141m）
七家灣溪
武陵溪
▲頭鷹山（3510m）
▲多加屯山（2795m）
▲大雪山（3530m）
司界蘭溪
南湖溪
▲中央尖山（3705m）
▲拾丸山（2905m）
志樂溪
▲小雪山（2997m）
▲遠多志山（2888m）
▲鞍馬山（2666m）
匹亞桑溪
青山電廠
■德基水庫
▲稍來山（2307m）
青山壩
佳陽
往宜蘭
合歡溪
▲鈴鳴山（3272m）
谷關壩
公 德基
登仙溪
梨山
往大禹嶺
谷關
欠良屏溪
横中馬崙溪
德基電廠
▲松嶺（2427m）
德基水庫。
佳保溪
十文溪
谷關電廠
▲西合歡山（3145m）

天輪壩

大甲溪掘鑿曲流與環流丘

大甲溪於上游環山一帶下切速度大於側蝕作用，形成兩岸邊坡較為對稱的掘鑿曲流。因地盤的間歇上升，在某段停滯時，曲流發揮其側蝕力量將曲流頸截斷，形成環流丘，隨著舊河道逐漸乾枯，而形成獨立的小山丘。

▌環山一帶的曲流與環流丘。

大甲溪的斷層瀑布

九二一大地震時，在大甲溪下游的石岡河段，因車籠埔斷層橫切過河床，在猛烈而快速的抬升下，位於埤豐橋附近的河床抬高了約7公尺，形成全球少見的斷層瀑布。

▌九二一地震形成的斷層瀑布。

然而因地震瀑布所在河床的地質特性非常脆弱，加上大甲溪的下切力強，使原本斷層崖的瀑布景觀現在看起來僅像急流。

大甲溪斷層瀑布的演變

第1年

第3年

第8年

地形

佳陽沖積扇。

佳陽沖積扇河階地形

源自佳陽對岸的大甲溪支流，自上游攜帶著佳陽山崩落的碎石，在匯入大甲溪處堆積出巨大的沖積扇，後經地形回春作用，主支流沿著扇緣下切，形成陡崖，而呈現河階的景觀。

大甲扇狀平原

大甲溪自東勢鎮由南北向轉為東西向河谷將大肚台地與后里台地截然分開，並由東勢為頂點展開寬大之河床，成網狀流路，並埋積大量砂礫於其河口造成規模龐大之大甲溪沖積扇，此扇與大安溪沖積扇相疊成一聯合沖積扇，是為大甲扇狀平原，因河流沖積出的平原地區，地勢平坦，是人口容易聚集的地方。

新社河階群

位於台中豐原市東方，大甲溪左岸之廣闊台地面，共有13個河階，最上位階面高達570～720公尺，總面積寬約60平方公里，大致為南北長為10公里，東西寬約6公里，橫跨現今新社鄉、石岡鄉及豐原市。大甲溪原為東西向河川，從天冷以下，突然轉為由南向北流，此乃因蓬萊造山運動致使河川轉向，且河流下切侵蝕能力增強，持續的內外營力作用形成現今大甲溪西側之新社河階群，為台灣罕見之河流地形。

台中地區的大甲溪流域。

台灣的四種海岸分類

北部岬灣海岸

▌基隆八斗子海岸。

▌基隆和平島。

由三貂角到野柳間、全長約85公里，呈現出岬角與海灣交互出現的海蝕地形，最具特色的地點有野柳、和平島、八斗子。

苗栗

台中

彰化

麥寮六輕離島工業區 雲林

嘉義

外傘頂洲

安平 台南

高雄港 高雄

恆春

西部沙積海岸

由淡水河口往西南延伸至屏東楓港一帶，屬隆起海岸地形，由於河川輸沙量大，所以在部分沿海形成海埔新生地。最著名者為外傘頂洲。

▌外傘頂洲。

地形

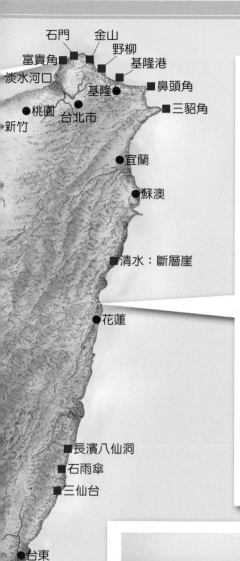

東部斷層海岸

▋蘇花公路的清水斷崖。

▋花蓮小野柳海岸地形。

由三貂角往東南直到恆春半島一帶均屬斷層海岸，例如蘇花斷層海岸。花蓮到台東之間常見海階、海蝕平台及隆起珊瑚礁等。

南部珊瑚礁海岸

恆春半島一帶絕大多數均屬珊瑚礁海岸。

▋墾丁公園船帆石。

北部岬灣海岸

台灣本島的海岸線長達1,100多公里,各段海岸的地形各具特色。北部是典型的岬灣海岸,西起淡水河口附近,東至三貂角,海岸線全長85公里,在長期海浪侵蝕下,形成全線岬灣曲折有致,奇岩怪石遍布。

生成原因

主要海岸線的走向與本區出露的沈積岩層走向呈直交,軟硬岩層相間,在強大的季風、颱風與海浪侵蝕共同作用下,使硬岩地層形成伸入海洋的岬角,軟岩地層發展出內凹的海灣,造成曲折的岬灣海岸。

由於岬角頭部長時間受強浪的侵蝕,而形成海蝕凹壁、海蝕崖、海蝕洞、海蝕平台、海蝕柱、海階等海蝕地形,亦為陸地相對上升的證據。

海蝕平台

海蝕崖及海蝕平台發育圖

海蝕崖
海蝕凹壁
原坡面
海蝕崖後退時崩落的岩石
在山崩作用後被移去的部分
海蝕平台
高潮面
低潮面

地形

野柳海
蝕洞。

石門的海拱地形。

海蝕洞

海拱（海蝕門）
海蝕洞不斷受海浪
拍打侵蝕，形成岩
體中空的海拱

海蝕柱
海蝕門崩塌後失去
拱形，在繼續受侵
蝕作用後便形成海
蝕柱

海蝕崖
緊鄰海洋的岩岸受到
波浪侵蝕及崩壞作用
所形成的陡崖。

海蝕柱—金山「燭台雙峙」景觀。

鼻頭角海蝕平台。

龍洞海蝕崖。

北台灣三角

台灣最北的岬角富貴角、東北角突出岬角鼻頭角及台灣最東的岬角三貂角合稱「北台灣三角」。除富貴角為火山熔岩流凝固而成，其餘皆為沈積岩出露受差別侵蝕所形成之岬角，岬角頭部有豐富的海蝕地形。

▌鼻頭角。

▌富貴角。

▌三貂角。

▌石門洞。

石門

因其外貌而得名。石門地形為一「海蝕拱門」，原是大屯火山噴發之火山灰和火山碎屑堆積在海邊的小山頭，其岩層受海浪侵蝕而形成海蝕洞，後來經海浪侵蝕貫穿岩壁，形成海拱石門。頂部高達10餘公尺，是陸地隆起的證據。

麟山鼻

台灣北部的岬角之一，係80萬年前大屯火山群的竹子火山爆發後，熔岩向北流入海中凝固後的地形。

▌麟山鼻海濱的熔岩地形。

地 形

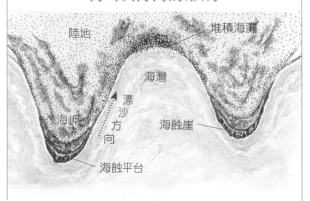

金山漁港

金山市區

■ 金山海岬的岩岸地形。

金山海岸

地形可分為金山河口平原及以東的岬灣相間地形。前者有北磺溪沖積而成，並有海岬突出海中，後者因堅硬的沈積岩突出並延伸入海，形成金山岬，又稱為磺港半島。

■ 石礫遍布的跳石海岸。

跳石海岸

係指石門至金山間的海岸。早期由火山活動噴出許多礫石，以及山崩衝落的石塊，均散布於此片海域的海崖邊，這些角礫石受到海浪的侵蝕與東北季風的吹襲，形成圓滾的石礫。在淡金公路未開通時，往來商旅過客必須踏石跳躍而過，因此而得名。

海岬與海灣的形成

陸地

堆積海灘

海灣

漂沙方向

海岬

海蝕崖

海蝕平台

■ 燭台雙嶼是金山海岸的代表地景之一。

燭台雙嶼

佇立在金山岬外海海面上，高約60公尺，其形成係因該地地盤上升，隆起的礁石經過波浪侵蝕，由海蝕洞被貫穿而成海蝕拱門，後來頂部又崩塌，形成海蝕柱，外形像兩座燭台，故得名。

龍洞灣

為一斷層陷落形成的構造海灣，其南側為龍洞岬，有陡峭的四稜砂岩，是東北角出露的最老岩層，其岩質極為堅硬，在長期海浪侵蝕與風化作用下，有壯麗的海崖景觀，是北部著名的攀岩場。

■ 龍洞陡峭的海崖景觀。

和平島

原為突出的海岬，因與陸地相連之處被侵蝕切斷，形成今日離海的島嶼。島嶼北部盛迎東北季風，海岸地形發達，已闢為濱海公園，其中以千疊敷（豆腐岩）、蕃字洞（海蝕洞）、萬人堆（蕈狀岩）最為著名。

八斗子

為突出東海的岬角，以寬廣的海蝕平台，即長潭尾海岸聞名，岸上保留奇特的海蝕平台、蜂窩岩及海階地形。海蝕平台上為隆起的波蝕棚，係由砂頁岩的薄互層組成，由砂岩抗蝕力較強，致使砂岩處突起，頁岩處凹入，遠看似一大型洗衣板。

■ 八斗子的海蝕平台。

和平島的千疊敷、萬人堆奇岩。

南雅海岸

此處以海蝕風化岩最為著名，因東北季風
多風多雨，砂岩中節理受到雨水侵蝕及風
化作用，使得岩石內的含鐵礦物氧化，形
成氧化鐵的帶狀花紋，深淺不同的彩色變
化，極為美麗，又名「霖淇淋岩」。

南雅海岸的「霜淇淋岩」。

從野柳認識豐富的海蝕地形

野柳為北海岸上突出的岬角之一，是大屯山北支伸入海中的東北走向半島，長約3公里，寬約200公尺，中段處最為狹窄。因形如海龜，又名「野柳龜」。岸上海蝕地形發達，聚集各種奇岩怪石之精華於此。

野柳地形示意圖

單面山　女王頭　仙女鞋　地球石　壺穴　海蝕溝　風化窗　燭台區　溶蝕盤　砂岩（燭台石層）

▌野柳海岬。

▌海蝕壺穴。

▌燭台石。

▌女王頭。

野柳地質公園一景。

風化窗。

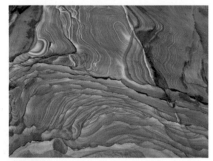

海蝕溝。

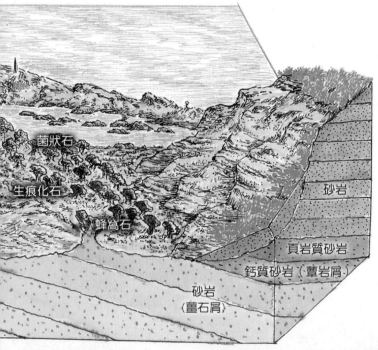

風化紋。

菇狀石

生痕化石

蜂窩石

砂岩

頁岩質砂岩

鈣質砂岩（薑岩屑）

砂岩
（薑石屑）

生痕化石。

薑狀岩。

燭台石。

燭台石

上粗下細呈半圓錐狀，柱頂中央有一較堅硬且抗蝕的石灰質結核，當岩石上的海水在流回海洋的過程中，受到凸起的結核而阻擋，逐漸沿著結核邊緣侵蝕出環狀溝槽，整體形同蠟炬燭台，頂端之結核如燭燄，亦稱之為「乳石」。

薑石

成因與燭台石同，薑石也是由岩層中的石灰質結核所形成，只是其形狀如團塊的生薑。不過因受至地殼的擠壓力，在薑石表面密佈著兩組斜交的節理，加上經過鏽染的縱橫節理，使其外表粗糙更酷似老薑。

薑石。

▌蜂窩岩。

蜂窩岩

岩石的組成中含有許多螺貝類的殼體，經海水溶蝕成許多小洞或因海水噴濺在洞內，再發生鹽結晶作用而使其擴大，使岩石表面形成類似蜂巢狀的地形景觀。

海蝕壺穴

當海浪攜帶的石粒在海蝕平台上進行鑽蝕作用，形成內壁陡直的圓形凹槽。有時數個相鄰的壺穴因擴大而相連，有時大壺穴中還發展出小壺穴。

奇形石

若質地較堅硬，而形狀不規則的石灰質結核或砂岩，在差異侵蝕作用下，形成各種奇形岩石，如仙女鞋、海狗石、海龜石、象石及龍頭石等。

▌仙女鞋。

▌海蝕壺穴。

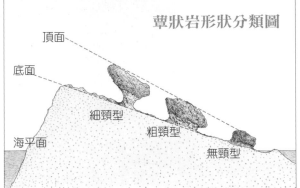

蕈狀岩形狀分類圖

頂面
底面
細頸型
粗頸型
海平面
無頸型

蕈狀岩

位於野柳海蝕平台上有達一百八十多個蕈狀岩。此乃因位於上層的砂岩富含鈣質而堅硬耐蝕，下層（基部）岩層鈣質較少而相對易蝕，同時，岩層因地殼擠壓形成垂直的兩組節理面，隨著陸地抬升，海浪侵蝕，擴大岩石的間隙，因而形成上粗下細的石柱。「女王頭」即是蕈狀岩之一。

型態各異的蕈狀岩群。

女王頭今昔對比

下圖為1980年的女王頭景觀，與右圖今貌對比，可知女王頭的形貌受到侵蝕作用影響。

1980年

2006年

溶蝕盤

高出海平面的海蝕平台受到海浪的噴濺，經常在凹陷處積聚著海水，經太陽照射海水蒸發而在水窪邊緣析出鹽結晶，鬆脫組成岩石的顆粒，造成池緣岩面的後退並貫穿各個大小窪池，形成大圓盤狀的淺池地形。

▌溶蝕盤。

豆腐岩

若海蝕平台的岩層具兩組幾近垂直相交的節理，且厚度在50公分以上，當海浪順著節理侵蝕並隨之擴大，使岩層被切割成獨立而整齊排列的岩塊，外形酷似豆腐。

豆腐岩。

西部沙積海岸

西部海岸北起淡水河口，南至屏東枋寮，全長約410公里。本段海岸平直，為沙質或泥質堆積海岸，有沙丘、沙灘、潟湖、海埔地等地形。

生成原因

西部海岸有廣大的台地與海岸平原，加上各河川所搬運的巨量泥沙堆積在淺平的台灣海峽東岸，形成沙岸，海岸線平直。同時，台灣西部因地殼變動而持續隆起，將海岸線往西推進，使得沿岸沙洲與陸地迅速連結，形成不同堆積型海岸地形。

林口台地斷層海岸

本段海岸以相對高度近百公尺的落差與林口台地相連。因台地主要是由礫石構成，比較鬆軟易受侵蝕，使靠台地邊緣的出現狹窄的海岸緩坡地，並形成顆粒狀的礫灘，只有少數河口地區才比較有可能出現沙岸。

林口礫灘。

桃竹苗沙丘海岸

本段海岸相當平直，僅有狹窄的海岸平原與山地相隔，因有大小溪流提供沙源，加上海潮與強烈東北季風的雙重作用，促成許多海岸沙丘及沿岸沙洲的發育，新竹海岸則有灘洲相連的海埔地開發為水田、魚塭及建地。

桃園海濱沙丘景觀。

台中港漂沙問題

台中港介於大甲溪與大肚溪之間，地域平坦寬廣，建港以來面臨著強風、潮差大與漂沙等「三害」，潮差高達4.7公尺，再加上東北季風吹襲帶來大甲溪、大肚溪的大量流沙，嚴重影響船舶進出、阻塞航道，因此台中港建有長達4公里的防沙堤。在921地震後，大甲溪帶來的淤沙嚴重，台中港原濱海公園部分設施更被飛沙掩沒，更加重清除淤積的困難。

地形

中彰雲灘地海岸

從大安溪口至北港溪口這一段海岸陸棚平緩，且為台灣海岸潮差較大之區，其間有各大溪流沖積出來的大甲和彰化等海岸平原，於濱海地區形成廣大的潮汐灘地，如泥灘、沙灘、沙洲島及海埔地等地形。居民利用泥質潮汐灘地，養殖牡蠣和文蛤，而潮間帶區也成為水鳥棲息之處。雲林麥寮海埔新生地因面積寬廣，開發為離島工業區，提供六輕等煉油廠之設立。

台中高美濕地。

七股鹽山。

嘉南沙洲海岸

北港溪至二仁溪之間，因瀕臨廣大的海岸平原，加上多為緩流型河流，帶來許多漂沙，產生廣闊的海岸沖積平原及濱外沙洲、海埔新生地及由沙洲島與陸地之間圍成的潟湖等地形，發展為虱目魚苗的養殖魚塭、蚵田及海濱遊樂區。

從東石到台南的北門、七股、安平一帶的濱海地區，因沙岸平直、日照充足，曾為台灣鹽場的集中地。2009年正式成立為「台江國家公園」。

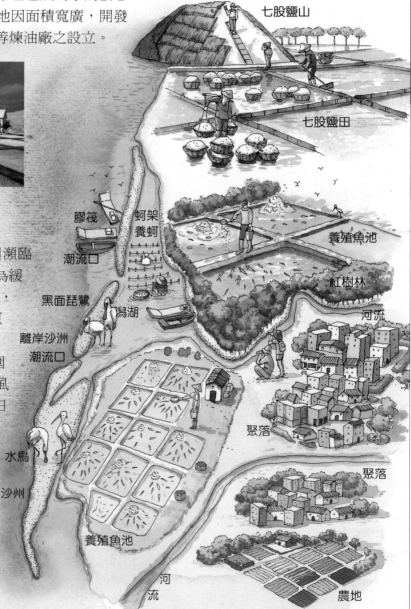
七股鹽山
七股鹽田
膠筏
蚵架養蚵
潮流口
養殖魚池
紅樹林
河流
黑面琵鷺
潟湖
離岸沙洲
潮流口
聚落
聚落
水鳥
沙洲
養殖魚池
河流
農地

雲嘉間的外傘頂洲

台灣面積最大的濱外沙洲，是雲嘉海岸的天然屏障，潟湖養殖業發達，牡蠣產量居全台之半。其沙源來自於濁水溪，然而近年來，河流大量開採砂石、興建攔砂壩等減少河川輸沙量、加上六輕抽砂填海，以及海防波堤攔截沿岸漂沙，使沙洲面積急速縮減中，並且因西部海浪侵蝕量高，造成外傘頂洲每年向東南偏斜，沙洲面也出現被切割的現象。

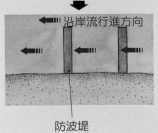

▌台南安平港。

安平港

主要水域台江內海為潟湖地形，左側為狹長的沙洲陸地（因其外形又名「鯤鯓」）。安平舊港曾經是台江灣的主要漁港，有運河通往市街，今日大多已淤塞形成陸地。

突堤效應

垂直於海岸的防波堤（或丁字壩）會攔阻沿岸流，使得防波堤靠上游側出現漂沙堆積，另一側出現侵蝕的現象。
最常見的例子便是沙灘上游出現人工建築，導致沙灘受侵蝕而縮小，乃至消失。

沿岸流行進方向

沿岸流行進方向

防波堤

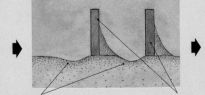

下游側因沙源減少，出現沙灘縮小、消失的侵蝕現象

沿岸流挾帶的漂沙在此處堆積

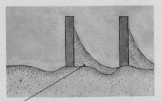

一旦接近上游的防波堤因淤沙量超過負荷，較下游的防波堤沙量會顯著增加

地形

外傘頂洲的潟湖是台灣牡蠣的主要產地。

屏東大鵬灣。

屏東大鵬灣

具有台灣最完整的囊狀潟湖及濕地景觀，灣內水質豐美，養殖業興盛，以蚵田及箱網養殖魚塭為主，今已規劃為國家風景區。

高雄港

高雄港。

由潟湖興建而成，現為台灣第一大港，亦是世界重要的貨櫃港口，其西側為一狹長的沙洲，稱為沙洲半島，為一天然大防波堤。目前以過港隧道連接高雄港市區與離島旗津，全長2,250公尺，是台灣第一條海底隧道。

高屏弧狀海岸

台南至屏東枋寮的海岸線平直，屬於洲潟海岸，分佈著興達港、左營港、高雄港等幾個向內陸凹進的港口，這些港口在未開闢前多屬於潟湖和海灣地形。自枋寮以南，山地逼近海洋，少有平原及沙岸，海岸坡度甚陡，屬於侵蝕性的後退海岸。

大鵬灣潟湖的形成過程

大鵬灣是由林邊溪與東港溪沖積的河川堆積物形成沙嘴後，再逐漸形成囊狀的潟湖地形。

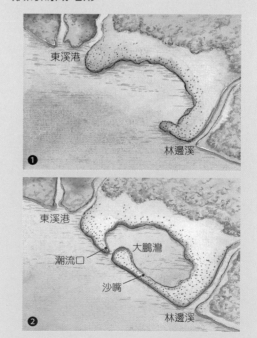

南部珊瑚礁海岸

位於恆春半島擁有深具熱帶特色的珊瑚礁海岸，南端有鵝鑾鼻及貓鼻頭各自突出海域形成半島，中間則有墾丁南灣夾繞，以裙礁及珊瑚礁海階台地為常見地形。

生成原因

造礁珊瑚蟲附著在乾淨、含砂量少而波濤洶湧的熱帶海岸的岩石上，和共生的藻類行群體生活。老的珊瑚蟲死亡後，新的珊瑚蟲就在它們遺留下來的骨骼上生長，逐漸累積形成巨厚的礁體。珊瑚礁體可能被海浪打擊成海灘的砂粒，亦可能其碎屑被搬運、堆積、再膠結後形成次生珊瑚礁體。

一般常見的珊瑚礁海岸可分為裙礁、堡礁和環礁，台灣南部以裙礁最為常見。

萬里桐──蟳廣嘴（山海）漁港

此段海岸為南部西海岸著名的連續珊瑚礁地形，海底生態完整。蟳廣嘴地名的由來，主要係珊瑚礁朝內凹陷成天然港灣，好似蟳螯一般而得名，現已改名為山海。

▌萬里桐珊瑚礁海岸。

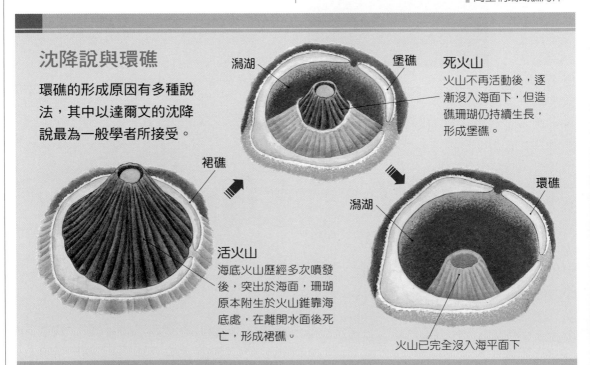

沈降說與環礁

環礁的形成原因有多種說法，其中以達爾文的沈降說最為一般學者所接受。

潟湖　　堡礁

死火山
火山不再活動後，逐漸沒入海面下，但造礁珊瑚仍持續生長，形成堡礁。

裙礁

環礁

潟湖

活火山
海底火山歷經多次噴發後，突出於海面，珊瑚原本附生於火山錐靠海底處，在離開水面後死亡，形成裙礁。

火山已完全沒入海平面下

地形

墾丁國家公園區域圖

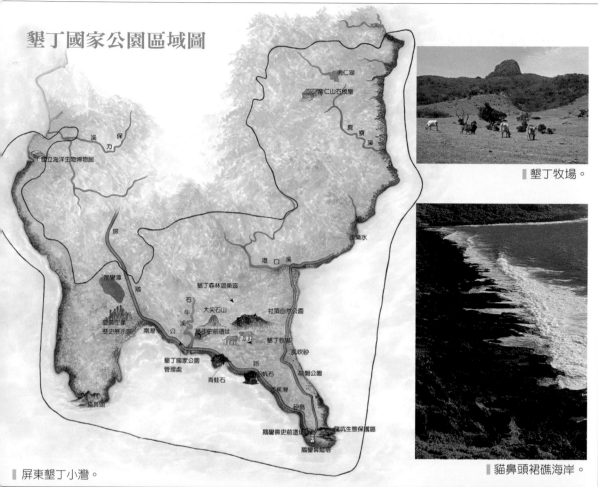

國立海洋生物博物館

保力溪

南仁湖

南仁山石板屋

鹿寮溪

佳樂水

屏溪

港口溪

籠鑾潭

鵝

石牛山

大尖石山

墾丁森林遊樂區

社頂自然公園

波潭上岸歷史展示區

南灣

墾丁史前遺址

公

墾丁牧場

風吹砂

珊瑚礁公園

墾丁國家公園管理處

青蛙石

路

帆石

船帆石

茶茉灣

貓鼻頭

砂島

龍坑生態保護區

鵝鑾鼻史前遺址

鵝鑾鼻燈塔

▌墾丁牧場。

▌屏東墾丁小灣。

▌貓鼻頭裙礁海岸。

恆春白沙灣

海浪和沿岸流將珊瑚礁產生的碎屑和貝殼經搬運、磨蝕成渾圓的砂礫，再堆積而成長達500公尺的沙灘，由於幾乎未夾雜河流帶來的泥沙，貝殼純度非常高。

恆春半島的白沙灣。

社頂高位珊瑚礁

位於墾丁國家公園內，其地形丘陵台地，以珊瑚遺骸為主架構，上方土壤層極薄，多為鈣質紅土，生長其上之珊瑚礁天然林，是台灣唯一的高位珊瑚礁生態系，區內石灰岩洞穴及自海中隆起之珊瑚礁岩塊林立，極具保存及研究價值。

貓鼻頭裙礁海岸

貓鼻頭和鵝鑾鼻共為台灣最南的兩端。其原為從海岸隆起的珊瑚礁崩落，堆積在海邊隆起裙礁上的礁石，後經過強烈的海浪侵蝕而成狀似蹲踞的貓之巨岩，其海岸周圍亦有海蝕平台、海崖、蜂窩岩壺穴等奇特地形。

貓鼻頭巨岩，原本是個從台地海崖邊緣崩裂滾落的珊瑚礁岩，因為受到強烈的海蝕作用而逐漸變成蹲仆貓狀的海蝕柱。

恆春社頂高位珊瑚礁。

■ 鵝鑾鼻海岸裙礁地形。

鵝鑾鼻

因地形突出若鼻而得名。它是一塊從海底隆起的珊瑚礁台地，海濱為裙礁所圍繞，海岸因風浪侵蝕而雕塑出巨礁林立、怪石嶙峋、洞穴深邃及奇峰傲峙的奇特景觀。

■ 墾丁的船帆石。

■ 龍坑生態保護區內的珊瑚礁石。

船帆石

矗立於海中的巨石，高18公尺，猶如將啟帆的孤石而得名。該石係由附近鵝鑾鼻台地上方滾落至海邊的古代珊瑚礁石，因其岩質較附近之初期隆起珊瑚礁堅硬，方能一直屹立海中。

龍坑崩崖地形

屬於珊瑚礁石灰岩地形，綿延的裙礁十分發達。該地隆起珊瑚礁隔著陡坡、懸崖與海岸相臨，由於受到重力及海浪的襲擊，台地崖上的珊瑚礁便逐步崩塌跌落，形成直逼海岸、風景絕佳的崩崖景觀。

東部斷層海岸

本段海岸北起三貂角，南至恆春半島的九棚，全長380公里，除蘭陽平原及台東縱谷出海處是沙岸外，其餘海岸均是斷層形成的海岸，可分成礁溪、蘇花、花東、大武等四段斷層海岸，各有著名的海岸地形。

生成原因

由於菲律賓板塊不斷往西北移動，造成台灣東部的海岸陸塊因斷層作用而陷落入海，陡直的海崖形成斷層海岸，其特色為海岸線平擲，沿岸海底坡度大且海水深。海崖基部受到東北季風的吹襲及夏秋颱風的強風豪雨下，使海崖邊坡受到侵蝕、風化和崩塌的影響，形成顯著的海蝕地形。

萊萊海蝕平台。

礁溪斷層海岸

係指三貂角至頭城的海岸線，大體為直線狀，缺乏灣澳，海蝕作用順著岩石的節理、斷層面或其他裂縫進行，形成如北關的單面山、海崖及豆腐岩，大里海岸寬廣的海蝕平台，原來的斷層崖已顯著被切割，其原形幾近消失。

蘇花斷層海岸

北起蘇澳，延伸至花蓮溪口，可視為中央山脈的延伸，北段蘇澳至南澳間，其岩層均以東西向朝海中延伸，受差別侵蝕形成沿岸半島、岬角、灣澳地形。南澳以南海岸岩性堅硬，造就出險峻的山勢及峭壁，除了少數河口沖積扇外，幾乎沒有平地，交通困難。直至蘇花公路、中橫公路及北迴鐵路的接連開闢，解決了往昔「後山」

地形

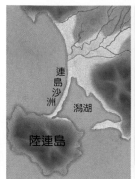

南方澳沙頸岬地形。

蘇澳港。

與外界的交通隔閡，但受限於地形及暴雨襲擊，蘇花公路依舊險象環生。

南方澳的陸連島地形

本由岩漿噴出形成的離岸小島，後因潮水搬運作用，沙石堆積在該島的南方而成沙嘴，最後連接到陸地，形成沙頸岬及陸連島。

蘇澳港

岬灣形成的天然良港，港闊水深，現為台灣東北部的國際商港，也是基隆港的輔助港。

蘇花公路。

清水斷崖。

清水斷崖

從和平至崇德綿亙21公里，高約800～900公尺，幾乎以90度角垂直陡降至太平洋，甚至有些地方向內傾斜，是蘇花公路上最艱險、景色絕美的一段。

花東斷層海岸

位於菲律賓板塊擠壓形成的海岸山脈東坡，北起花蓮溪口，南至台東卑南溪口。海岸景觀包括海岸階地、隆起珊瑚礁、海蝕洞等海蝕地形，皆為陸地相對上升之證據。

台東小野柳。

石梯坪

位於花蓮縣豐濱鄉，因地層上升之故，該地火山岩排列有如石梯，而內陸又有平坦的海階，所以稱為石梯坪。

石梯坪海階地形。

八仙洞

位於台東縣長濱鄉，共有12個洞穴，大小不一。各洞穴皆屬於都巒山層的火山集塊岩，由於岩性堅硬，形成陡崖，經陸地間歇上升的過程中，形成不同高度的海蝕洞，愈低的洞穴愈年輕。在考古上，是舊石器時代先民的居住環境，長濱文化的遺址。

八仙洞。

地形

▌三仙台。

三仙台

位於花東海岸中段,島長1公里,原為一長礁岬角,中間的礁岸因海水侵蝕崩壞形成離岸島,然與陸地間還有暗礁相連,退潮時可以涉水跳石而至,現已建有跨海鐵橋相連接。島上散布著海蝕溝、壺穴、海蝕柱等景觀。

石雨傘

位於台東成功鎮北方,在低位海階之上,是一個隆起的珊瑚礁石柱,岩頂寬平,下部狹窄,形如打開的巨傘而得名。

▌台東大武海岸。

大武斷層海岸

從台東至屏東九棚,是東部斷層海岸最南的一段,海岸線平直,沿海海底線坡降陡急,山高谷深,懸崖峭壁的斷層海岸地形非常明顯。本段海岸經常受到東北季風及颱風帶來的強烈波浪襲擊,崖下形成狹窄的礫灘分布或海蝕平台。

▌石雨傘。

石灰岩地形

台灣的石灰岩分布範圍小，主要在西南部，以珊瑚礁石灰岩為主，石灰岩地形多分布於墾丁國家公園內，地表散佈著零星的岩溝和滲穴，地下水系尚未發育完成，僅發現一些小型溶洞，屬於幼年期階段。

生成原因

溶解著二氧化碳的微酸性雨水順著石灰岩節理或裂隙入滲，沿途將組成石灰岩的碳酸鈣物質溶解並移除，使裂隙擴大，在地表形成各種溶蝕地形；而被攜帶到地底的碳酸鈣，則在地下洞穴中沈澱成各種形式的堆積地形。

▌墾丁國家公園內的
石灰岩洞穴。

地下洞穴的鐘乳石、石筍形成圖

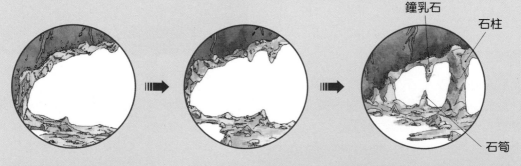

鐘乳石
石柱
石筍

❶珊瑚礁中的碳酸鈣成分和略帶酸性的下滲雨水產生化學作用，珊瑚礁內部形成溶蝕洞穴。

❷溶蝕作用使珊瑚礁洞穴不斷擴大，並逐漸出現沈積。

❸溶有重碳酸鈣的水自洞穴頂部往下滴落，重新沈澱出碳酸鈣，經年累月後形成上為鐘乳石、下為石筍及連成石柱的獨特景觀。

地形

一線天地形。

恆春半島海邊的珊瑚礁岩溝（溶蝕溝）。

鵝鑾鼻台地的滲穴

下滲的雨水溶蝕部分石灰岩於地表所形成的景觀。

仙洞、銀龍洞

位於墾丁國家公園內的石灰岩洞穴，有鐘乳石、石筍等地形

龍磐公園

此區域屬於抬升的石灰岩台地，由於石灰岩容易被雨水溶蝕，區內有石灰岩洞、滲穴、崩崖等。

恆春萬里桐岩溝

露出地表的珊瑚礁石灰岩經雨水沿著節理進行溶蝕，呈現許多窪洞溝槽，崎嶇難行，較大的狹長岩溝，構成「一線天」的小地形。

石灰岩地形的發育

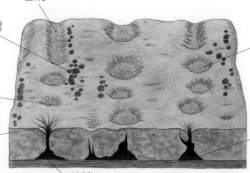

岩溝

石灰岩地區的地表常常只有低矮植被

豎坑
成直筒狀、垂直於地面的坑洞

陷穴
因溶蝕作用所形成的小窪地

吞口
河水流經此處時落入地表下繼續流動，成為伏流

石灰岩洞
洞內常可見到鐘乳石等

伏流

風成地形

台灣的風成地形生成於海岸沙灘分布地帶，因缺乏植物的覆蓋，風力才能有效搬運和堆積海岸沙礫，著名的地形景觀為富貴角的風稜石、鵝鑾鼻半島的風吹沙和海岸沙丘。

富貴角的風稜石

風稜石它係來自大屯山上群噴發崩落下來的巨大安山岩塊，經由盛行風（東北季風）帶著附近的沙灘和沙丘所提供的砂礫，不斷地在其岩塊受風的節理面切磨出溝狀或光滑的岩面，並使相鄰岩面間形成尖銳的岩稜。

▌ 富貴角風稜石。

鵝鑾鼻半島的風吹沙

地處鵝鑾鼻半島東側的海岸沙灘，冬季東北季風盛行時，將沙灘上的砂礫往迎風的崖面吹動，待沙積高至崖頂附近時，隨著重力滑落，形如沙瀑。夏季降雨時，雨水匯聚成流將堆積在崖面的沙沖回沙灘面，猶如沙河，形成冬夏逆向的地形景觀。

▌ 富貴角海濱有大量的風稜石。

地形

鵝鑾鼻半島的風吹沙地形。

海岸沙丘

沙源豐富且灘面寬廣的沙灘濱線後方，常因風的搬運和風積作用而形成約略平行於海岸線的帶狀沙丘，尤其冬季強烈的東北季風易將表層疏鬆的砂礫搬運至內陸堆積成沙丘群，如桃園草漯沙丘群、苗栗後龍沙丘群、恆春九棚沙丘群及宜蘭的海岸沙丘等。

桃園觀音鄉海濱的沙洲景觀。

屏東九棚沙丘。

惡地地形

台灣的惡地地形位於易受地表逕流侵蝕和切割的泥岩層與礫岩層分布區，以高雄田寮月世界及苗栗三義火炎山最為著名。

生成原因

泥岩層或礫岩層分布區受到地表逕流的侵蝕與切割，形成崎嶇破碎、溝壑滿布的地貌，加上坡度陡峻、土壤淺薄，致使草木難生，而被稱為惡地。

高雄田寮的月世界

本區為厚達3,000公尺以上的古亭坑泥岩層的分布區，是最典型的泥岩惡地地形。由於泥岩顆粒細小，膠結疏鬆，遇雨成泥，無法形成穩固的土壤；加上泥岩本身軟弱，易受地表逕流進行坡面的侵蝕，且逕流下切速度快，形成溝壑密佈的崎嶇地。如此草木不生的荒涼之地，形如月球表面而得名。

苗栗三義的火炎山礫岩惡地

火炎山礫岩是在劇烈的造山運動過程中經河流急速堆積而成的，因此混雜著大小礫石。由於礫石粒徑大，可維持陡坡於不墜，但是礫石之間的細粒物質膠結性差，在地表逕流集中處，形成深窄的V字型谷，相鄰溪谷間呈現鋸齒狀的山脊線。因此陡坡上幾乎沒有植生，光禿而崎嶇的礫岩層，加上高低起伏的尖銳山脊，經夕陽照射，猶如熊熊的火焰，因以得名。

▌高雄的月世界景觀。

地形

■ 三義的火炎山景觀。

高雄燕巢烏山頂的泥火山

高雄烏山頂為台灣最大的泥火山，高約3.5公尺，其形成乃因泥岩分布區，地底混和著天然氣和泥沙的地下水自地表裂隙噴發後，依泥漿內所含水量的多寡，堆積成錐狀、盾狀或盆地的地形，並非由真正的岩漿噴發的火山。泥火山每隔數秒噴發一次，濃稠的泥漿沿錐面而流下，形成舌狀的泥流，流動距離可達70公尺。

■ 噴泥錐（高雄烏山頂泥火山）。

■ 噴泥盾（高雄烏山頂泥火山）。

■ 噴泥盆（高雄烏山頂泥火山）。

■ 噴泥池（高雄烏山頂泥火山）。

氣候

夏季時，花蓮玉里赤科山金針花盛開的美景。

影響台灣的氣候要素

台灣的氣候類型為熱帶及副熱帶季風氣候，影響台灣氣候的要素有：緯度、海陸分布、地形、洋流等，這些要素互為影響，形成氣象萬千的台灣島。

太陽輻射與地理緯度

緯度高低會影響一地單位面積可吸收到的太陽熱量多寡。夏季時，太陽直射通過台灣嘉義縣與花蓮縣的北迴歸線，全島除山地外，普遍高溫；冬季時，太陽直射南迴歸線，使得台灣北部溫度變化較南部大。因緯度要素將台灣北部劃分為副熱帶型氣候，南部為熱帶型氣候。

海陸分布

台灣位處於全球最大的陸塊歐亞大陸與最大的海洋太平洋之海陸交界處，因明顯的海陸性質差異，形成風向隨冬夏季節交換的「季風」氣候。冬天時，季風由大陸吹向海洋，台灣吹東北季風，天氣寒冷乾燥；夏天時，風由海洋吹向陸地，是為西南季風，天氣炎熱潮濕，為主要的降雨季節。

山谷風

山谷風乃因地形的高低所形成，白天時，高山較谷地接受的熱量多，溫度較高，產生由谷地（高壓）吹向山地（低壓）的風，稱為「谷風」。晚上由於高山地表散熱快，溫度比谷地低，形成冷空氣聚集的高壓，因而形成「山風」。此風系造成山區的水果栽培多選擇種於山坡或山腰，而非多霜害的谷底。

谷風
藍色箭頭表示下沉運動
紅色箭頭表示上升運動

山風
紅色區域表示溫度較高
藍色區域表示溫度較低

亞洲季風環流系統

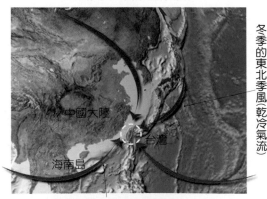

中國大陸
台灣
海南島
冬季的東北季風（乾冷氣流）
夏季的西南季風（暖濕氣流）

台灣附近洋流示意圖

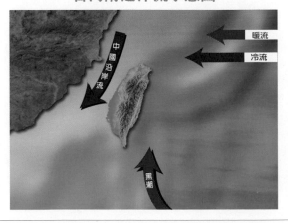

中國沿岸流
暖流
冷流
黑潮

溫度與高度的對應變化

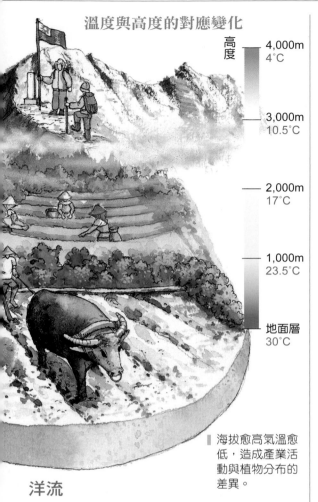

高度

4,000m
4°C

3,000m
10.5°C

2,000m
17°C

1,000m
23.5°C

地面層
30°C

▎海拔愈高氣溫愈低，造成產業活動與植物分布的差異。

洋流

夏季時，台灣東岸有黑潮暖流流經，冬季時則為西岸的中國沿岸流流經。暖流所經之處，溫度會比同緯度的其他地區高，冷流則反之。

▎台東沿海夏季有黑潮暖流經過。

地形

台灣島多高山，影響一地的溫度與降雨。對迎風面潮溼的空氣而言，每上升100公尺，溫度大約就會下降0.65°C，所以高度愈高，溫度就會愈低。

在山區的迎風面，地形會迫使空氣往上爬升，在上升過程中絕熱冷卻，使空氣達到飽和而凝結出水滴，進而產生降雨。台灣東北角的基隆、宜蘭多雨即因位於東北季風的迎風山區。

氣候

海陸風

海陸性質的差異除形成季風外，也會反映在晝夜形成的海陸風。白天陸地溫度比海洋高，產生由海洋（高壓）吹向陸地（低壓）的風，稱為「海風」。晚上由於陸地降溫速度快，溫度比海洋低，陸地產生高壓，海洋生成低壓，形成「陸風」。

這種小區域的海陸風，有利於當天往返的船隻航行，日出前的清晨乘著「陸風」出海，日落之前趕著「海風」回程。此外，海陸風也會對一地的空氣污染產生擴散或匯集作用，並對當地氣候造成影響。

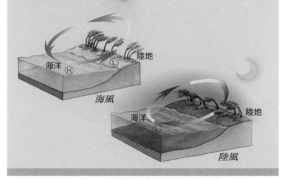

四季氣候的空間差異——春季

台灣島上四季變化雖不如中高緯的溫帶地區分明，但在平地與高山、南部與北部之間卻也存在著明顯的差異。

春季氣溫

台灣春季平地的平均溫度為22.7℃，季中三月至五月的溫度變化為四季中最大的。從空間分布上來看，高山地區與平地溫差超過10℃；愈往南溫度愈高，南北溫差大約在3～5℃。

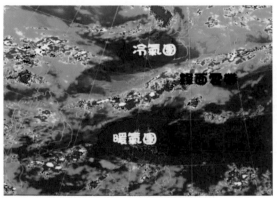

梅雨鋒面系統圖。(攝於中央氣象局)

台灣四季降雨量比利

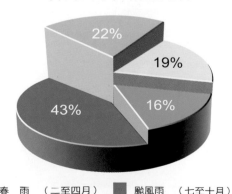

22%

19%

43%

16%

- 春　雨　（二至四月）
- 梅　雨　（五至六月）
- 颱風雨　（七至十月）
- 冬　雨　（十一至一月）

四月等溫線圖

梅雨鋒面系統圖

6　8　10　12　14　16　18　20　22　24　26 ℃

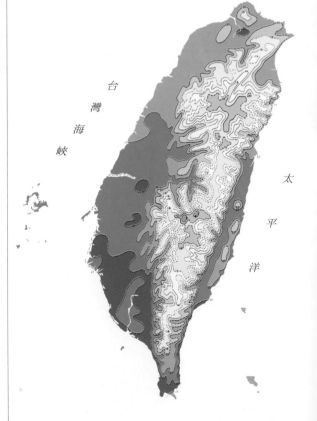

台灣海峽

太平洋

台中雪霸國家公園的——櫻花盛開。

陽明山花季是台灣北部春季一大盛事。

四月等降水量線圖

25　50　75　100　150　200　300　公厘mm

台灣海峽

太平洋

春季降雨

台灣春季平均降雨量為544公釐，約占全年總降雨量的20％。春季降雨主要出現於北部地區及中部山區，愈往南雨量愈少，顯見春雨降水分布極不平均，讓春季成為南部地區的乾季，造成乾旱等民生問題。

氣候

台灣春季衛星雲圖。(攝於中央氣象局)

四季氣候的空間差異──夏季

夏季氣溫

夏季的平地均溫約為28.1℃,高低溫介於25-32℃。此季節因太陽直射北回歸線,全島除了高山與離島地區外,各地皆處於高溫狀態,有時台北的溫度還比墾丁高。

七月等溫線圖

10 12 14 16 18 20 22 24 26 28 30 32 ℃

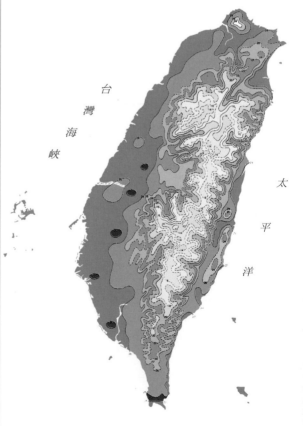

台灣海峽

太平洋

到海邊戲水是很受歡迎的夏日活動。(墾丁海灘)

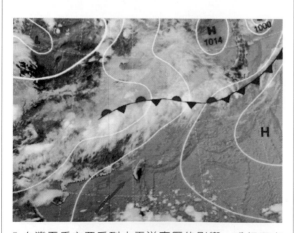

台灣夏季主要受到太平洋高壓的影響,盛行西南風。(攝於中央氣象局)

台灣夏季衛星雲圖。(攝於中央氣象局)　夏日的台北植物園荷花池。

七月等降水量線圖

150　200　300　400　600　800　1000 公厘mm

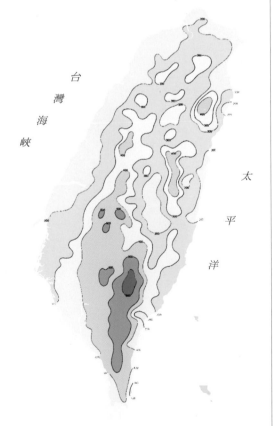

台灣海峽

太平洋

氣候

夏季降雨

台灣夏季平均雨量為944公釐，約占全台總降雨量的37％。此時主要降雨區集中於山區和中南部等地，離島澎湖最少。颱風是主要的雨量來源；南部則位於西南季風的迎風面上，降雨較北部多，呈現南北不均的現象。

都市熱島效應

台北市夏季的高溫乃受都市熱島效應影響，因人口過度集中於都市，加速人類活動排放大量廢氣，高樓林立及土地水泥化，以及盆地因素，讓熱氣不易散失，導致市中心的氣溫明顯高於郊區，如同凸出於海中的孤島而得名。

四季氣候的空間差異——秋季

▌ 武陵農場的秋天楓紅。

秋季氣溫

全季的平地均溫約為24.5℃，溫度的空間分布呈現南高北低。此季會因太平洋高壓強度時而增強，當範圍涵蓋至台灣時會帶來像夏天一樣的高溫，即所謂的「秋老虎」。

秋老虎

秋季太平洋高壓偶而會異常增強，並籠罩台灣上空，除了異常晴朗的好天氣外，還會出現跟夏季一樣的30℃高溫。這種偶發的炎熱天氣型態就像老虎一樣凶狠，因此被稱為「秋老虎」。

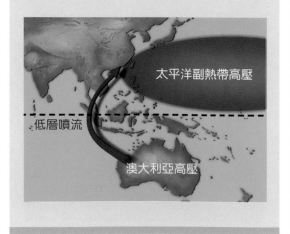
太平洋副熱帶高壓
低層噴流
澳大利亞高壓

十月等溫線圖

6　8　10　12　14　16　18　20　22　24　26　28 ℃

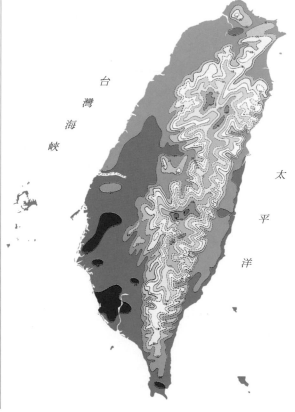
台灣海峽
太平洋

陽明山國家公園大屯山的芒花秋景。

氣候

十月等降水量線圖

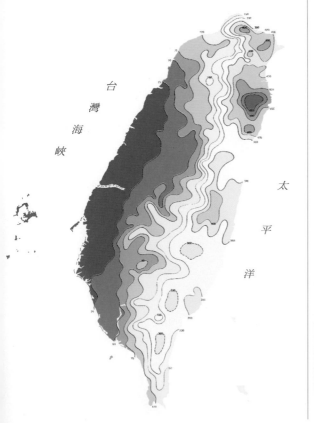

10　25　50　75　100　150　200　300　400　600　800　1000　1200　公厘mm

台灣海峽

太平洋

秋季降雨

秋季平均降雨量為709公釐，約占全年總降雨量的28％。此季尚延續夏季多颱風的特性，但此時的颱風行進路徑多偏北，降雨量轉而南少北多。十一月之後，東北季風增強，降雨型態變為綿雨細雨，降雨地區以北部和東部為主，中南部較少。

台灣秋季衛星雲圖。(攝於中央氣象局)

四季氣候的空間差異——冬季

冬季信義鄉的梅花盛開。

台灣冬季衛星雲圖。(攝於中央氣象局)

冬季氣溫

冬季的平地均溫為17.9℃。空間分布上有明顯的南北差異，平地平均最高溫出現於恆春，最低溫出現在東北季風迎風面的淡水和空曠平原地形的嘉義。此外玉山為台灣地區最冷的地方，平均最低溫為-4℃。

一月等溫線圖

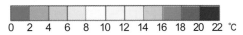
0 2 4 6 8 10 12 14 16 18 20 22 ℃

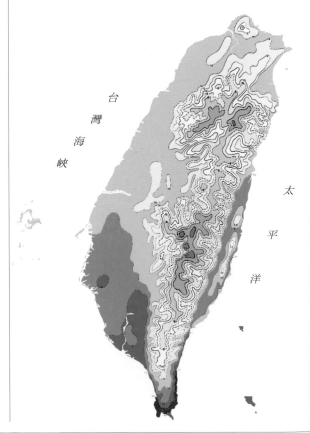

氣候

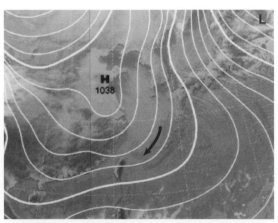

█ 合歡山冬季可以欣賞到白雪景色。

一月等降水量線圖

10　25　50　75　100 150 200 300 400 600 公厘mm

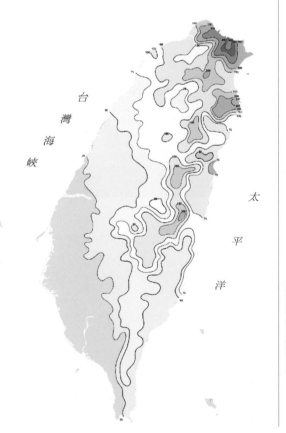

台
灣
海
峽

太
平
洋

冬季降雨

冬季平均降雨量為383公釐，只占全年平均降雨量的15％，為四季中最乾燥的季節。但苗栗以北受東北季風影響，迎風面的陽明山區、基隆、蘇澳等地雨量皆超過1000公釐以上，和南部平均降雨量63公釐呈現明顯的乾溼對比。

H
1038

L

█ 台灣冬季主要受到西伯利亞的大陸冷高壓的影響，盛行東北季風。(攝於中央氣象局)

台灣氣候之最

資料來源: 涂建翊，余嘉裕，周佳(2003)《台灣的氣候》。

淡水漁人碼頭。

全年氣溫排行榜

年平均溫度最高：恆春，25.0℃
年平均溫度最低（平地）：淡水，22.1℃
年平均溫度最低（高山）：玉山，3.9℃

最極端的風（最強瞬間陣風）

1984年7月3日，蘭嶼，89.8公尺/秒
2000年8月23日，台東成功，78.4公尺/秒
1961年5月26日，玉山，74.7公尺/秒

單日氣溫最低排行榜

1963年1月28日，阿里山 -11.5℃，
台中 -0.7℃，台北與新竹 -0.1℃
1901年2月13日，台中 -1.0℃，台北 -0.2℃
1970年1月30日，玉山 -18.4℃

台東太麻里海岸。

單日氣溫最高排行榜

1988年5月7日，台東，39.7℃
1954年5月9日，台東大武，39.4℃
1927年8月19日，台中，39.3℃
1980年7月22日，台北淡水，38.8℃
2003年8月9日，台北，38.8℃

極端的降水

年平均雨量最少：澎湖群島，963公釐
年平均雨量最多：陽明山鞍部測站，4,892公釐
降雨日數最多的地區（離島）：蘭嶼（224天）
降雨日數最多的地區（平地）：宜蘭蘇澳（213天）
降雨日數最多的地區（山區）：陽明山鞍部（218天）
降雨日數最少的地區（離島）：澎湖東吉島（69天）
降雨日數最少的地區（平地）：高雄（92天）

蘭嶼雙獅岩。

嘉義縣阿里山氣象站。

降雨最多排行榜

1958年8月7日的八七水災，406.8公釐／2小時、1,001公釐／12小時

1974年宜蘭東山鄉（新寮站）曾創下年雨量9,513公釐

1996年7月31日，阿里山氣象站單日降下1,095公釐的雨量

1987年10月24日(琳恩颱風)，竹子湖單日降下1,135.5公釐雨量

玉山雪景。

二十四節氣

古代農業社會的春耕、夏耘、秋收、冬藏等生活作息都和二十四節氣息息相關。依其涵義可分為季節轉變、溫度和降水變化及農事活動等四大類。

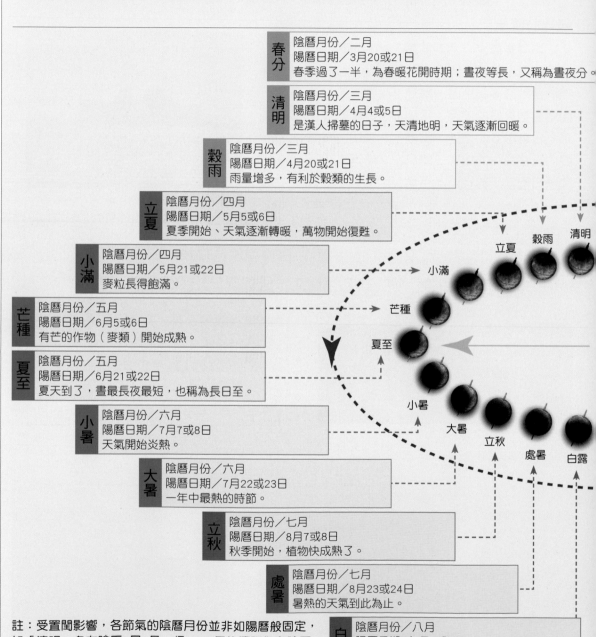

春分
陰曆月份／二月
陽曆日期／3月20或21日
春季過了一半，為春暖花開時期；晝夜等長，又稱為晝夜分。

清明
陰曆月份／三月
陽曆日期／4月4或5日
是漢人掃墓的日子，天清地明，天氣逐漸回暖。

穀雨
陰曆月份／三月
陽曆日期／4月20或21日
雨量增多，有利於穀類的生長。

立夏
陰曆月份／四月
陽曆日期／5月5或6日
夏季開始、天氣逐漸轉暖，萬物開始復甦。

小滿
陰曆月份／四月
陽曆日期／5月21或22日
麥粒長得飽滿。

芒種
陰曆月份／五月
陽曆日期／6月5或6日
有芒的作物（麥類）開始成熟。

夏至
陰曆月份／五月
陽曆日期／6月21或22日
夏天到了，晝最長夜最短，也稱為長日至。

小暑
陰曆月份／六月
陽曆日期／7月7或8日
天氣開始炎熱。

大暑
陰曆月份／六月
陽曆日期／7月22或23日
一年中最熱的時節。

立秋
陰曆月份／七月
陽曆日期／8月7或8日
秋季開始，植物快成熟了。

處暑
陰曆月份／七月
陽曆日期／8月23或24日
暑熱的天氣到此為止。

註：受置閏影響，各節氣的陰曆月份並非如陽曆般固定，如「清明」多在陰曆3月3日，但2002年的清明卻在陰曆2月23日。本表所列陰曆月份均為平均值。

白露
陰曆月份／八月
陽曆日期／9月7或8日
天氣開始轉涼，地面也開始有露水出現。

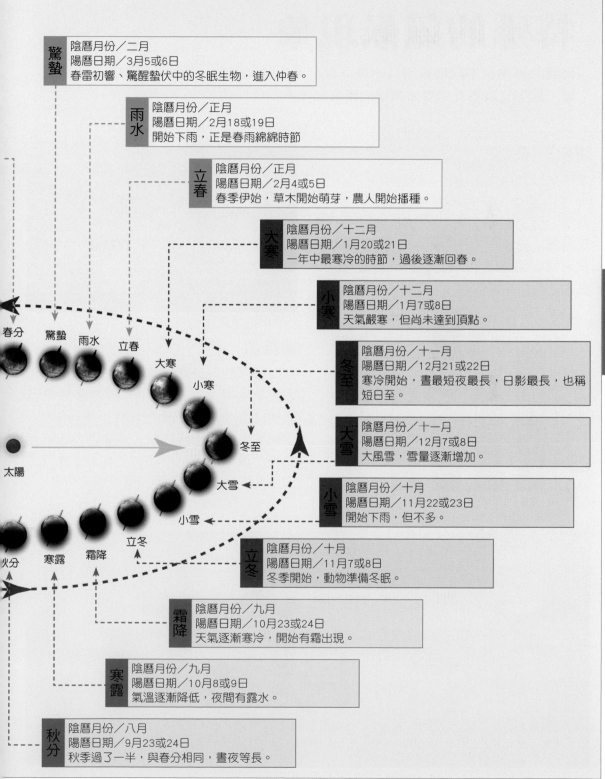

驚蟄
陰曆月份／二月
陽曆日期／3月5或6日
春雷初響、驚醒蟄伏中的冬眠生物，進入仲春。

雨水
陰曆月份／正月
陽曆日期／2月18或19日
開始下雨，正是春雨綿綿時節

立春
陰曆月份／正月
陽曆日期／2月4或5日
春季伊始，草木開始萌芽，農人開始播種。

大寒
陰曆月份／十二月
陽曆日期／1月20或21日
一年中最寒冷的時節，過後逐漸回春。

小寒
陰曆月份／十二月
陽曆日期／1月7或8日
天氣嚴寒，但尚未達到頂點。

冬至
陰曆月份／十一月
陽曆日期／12月21或22日
寒冷開始，晝最短夜最長，日影最長，也稱短日至。

大雪
陰曆月份／十一月
陽曆日期／12月7或8日
大風雪，雪量逐漸增加。

小雪
陰曆月份／十月
陽曆日期／11月22或23日
開始下雨，但不多。

立冬
陰曆月份／十月
陽曆日期／11月7或8日
冬季開始，動物準備冬眠。

霜降
陰曆月份／九月
陽曆日期／10月23或24日
天氣逐漸寒冷，開始有霜出現。

寒露
陰曆月份／九月
陽曆日期／10月8或9日
氣溫逐漸降低，夜間有露水。

秋分
陰曆月份／八月
陽曆日期／9月23或24日
秋季過了一半，與春分相同，晝夜等長。

春分　驚蟄　雨水　立春　大寒　小寒　冬至　大雪　小雪　立冬　霜降　寒露　秋分

太陽

氣候

特殊的氣候現象

台灣的氣候在不同地區因為地理位置差異及地形因素，造成一些特殊的氣候現象，其中又以東北季風所帶來的影響最大。

蘭陽雨(蘭雨)

蘭陽平原北倚雪山山脈，南臨中央山脈，東迎太平洋，呈現畚箕形的地形。在冬季時，強勁東北季風由東面開口注入，受周圍高山阻擋形成地形雨，帶來豐沛的雨量，為宜蘭贏得了「竹風蘭雨」的封號。著名的鴨賞、金棗和冷泉都和多雨有關。

▌陰雨中的宜蘭太平山翠峰湖。

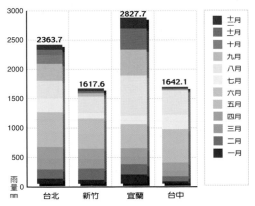

▌台灣中北部都市每月雨量比較。

基隆雨

基隆位處於台灣北部頂端，三面環山，和宜蘭同是位於冬季東北季風的迎風面而成雲降雨，素有台灣「雨都」、「雨港」的稱號。俗諺「新竹風、基隆雨，四十九日黑」，指基隆以雨聞名，有時連續下了四十九天的雨，天天都是陰暗的天空。

▌基隆有「雨港」之稱。

台灣東北季風影響下的特殊氣候

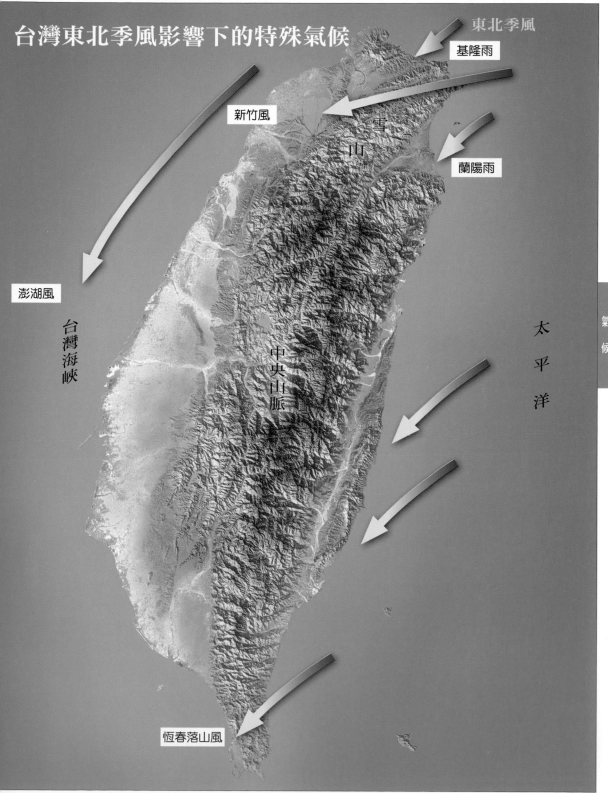

東北季風

基隆雨

新竹風

雪山

蘭陽雨

澎湖風

台灣海峽

中央山脈

太平洋

恆春落山風

氣候

▌柿餅是利用新竹風勢強勁、乾燥少雨的特性製成。

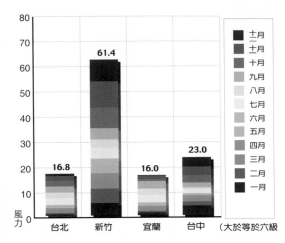
▌台灣中北部都市每月大風日數統計。

新竹風(竹風)

新竹位於整個台灣海峽最窄的地區域。當東北季風自東海從西部台灣海峽竄入,由於風道由寬變窄,使加速的東北季風沿著地勢平坦的新竹頭前溪河口長驅直入,造就新竹風大的特性。相同的情況也發生在夏季盛行的西南季風,因此新竹地區終年都有機會出現強風。

新竹地區除了風勢強勁,也因位於從雪山山脈方向過來的東北季風之背風處,較乾燥少雨,風乾食品如米粉和柿餅聞名。

▌澎湖風大雨稀,影響當地的植物相。

三義霧

三義鄉地處台灣南北氣候分界點,又是西部沿海的凸出點,冷暖空氣常於此交會,當暖空氣經過較冷的陸面時,低層空氣因冷暖混合與輻射逐漸冷卻,當溫度降至露點、達到飽和狀態就會凝結形成霧。此種霧持續時間甚長,所以三義才會產生歷久不散的霧。

澎湖二怪

指澎湖的兩大氣候特徵:「風大、雨少」。「風大」其形成原因近似新竹風:東北或西南季風流經台灣海峽,受到風道狹窄的作用,加上島上地勢平坦、無高山屏障,澎湖因此形成「風島」。「雨少」是因澎湖地勢平坦,難以出現地形雨,年平均雨量只有1000公釐,是台灣地區降水量最少的地方。

焚風形成示意圖

雲或潮濕的空氣遇到山坡阻擋，在迎風面形成地形雨。

變乾的空氣繼續翻越山坡向下吹拂，有時會在背風面形成焚風，使植物、農作物枯萎。

氣候

恆春落山風

每年十月至翌年四月間，東北季風受中央山脈阻隔，沿著東部海岸南下，到了南端恆春一帶，因中央山脈尾端地勢低緩，風束集中使東北季風威力加強，形成強勁的下坡風，當地居民稱之為「落山風」。落山風的長期吹拂，常造成交通災害，並影響當地農業、商業及各項觀光活動。

▌ 恆春半島的墾丁牧場受季風影響，草木枯黃。

台東焚風

夏季時，當颱風通過台灣東北部或北部近海時，逆時鐘方向旋轉的氣流會從台灣西部向東部流動，暖溼空氣沿著中央山脈爬升，若氣流夠強，會翻越過中央山脈後俯衝而下，受到下沈壓縮過程的影響，產生異常的增溫，形成乾熱的風，稱之為「焚風」、「火燒風」或「麒麟風」。

焚風與落山風

	焚風	落山風
出現時間	任何季節	冬季
出現地點	背風面，不侷限在某定點	恆春半島西岸
特點	乾、熱	風大、未必出現高溫

颱風

生長在台灣的人，一定見識過颱風的威力。認識颱風的生成條件與範圍、颱風的結構、移動路徑及常聽見的颱風術語如藤原效應、共伴效應、西北颱……等知識，有助於我們防範未然。

颱風的生成條件

颱風是由熱帶性低氣壓發展而成，其生成主要條件：

❶廣闊的熱帶洋面且海水表面溫度超過26.5℃：熱帶洋面提供足夠的水氣供颱風發展所需的龐大能量。因這些水氣蒸發後帶到大氣中遇冷凝結釋放出潛熱，使氣旋變得更暖，氣壓再下降，結果氣旋內外壓力差變更大，吸引氣旋外的空氣往內輻合的力量也增強，使風變更強，最後形成颱風。

❷距赤道南北5個緯度以上：如此始有足夠的偏向力(科氏力)使氣壓梯度力增大到能發生達到颱風強度的風速(每小時34浬或每秒17.2公尺)。

颱風生成區域

因赤道上無科氏力，故颱風常生成於南北緯5度到15度，且大洋的西半部居多。赤道附近受行星風系作用吹東風（北半球吹東北信風，南半球吹東南信風），會把洋流由東往西吹，在流動過程中，洋流一直受到日照，越來越熱，使大洋西半部較熱，適合形成颱風（或颶風、旋風）。

全球颱風的生成區域與移動路徑

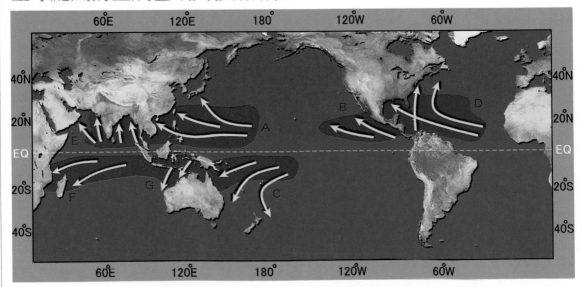

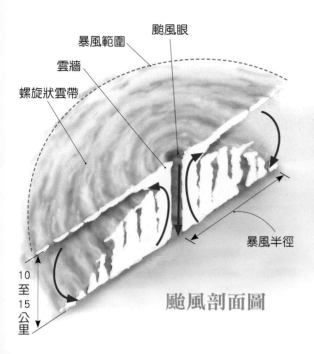

暴風範圍
颱風眼
雲牆
螺旋狀雲帶
暴風半徑
10 至 15 公里

颱風剖面圖

颱風的結構

颱風所涵蓋範圍大小不一，小至半徑100公里，大至500公里。垂直方向則可往上發展至100公里左右。從颱風中心往外看，可以區分為颱風眼、雲牆、螺旋狀雲帶等三個部份。

❶颱風眼

位於颱風中心，是一個無風無雨、晴朗乾燥的下沈氣流區。

❶雲牆

上升運動非常旺盛，風速最大、降雨最猛烈、破壞力最強的區域，又以其移動方向的右前象限為最，也是航海最危險的區域。

❶螺旋狀雲帶

愈往外圍雲層愈薄，風速漸小，雨量也減少。

氣候

颱風形成四部曲

第四階段
颱風成形，颱風眼、雲牆及對流強烈的螺旋狀雲帶出現

第三階段
低壓持續增強，雲層變厚，形成低處輻合、高處輻散現象，上升作用旺盛，水氣在絕熱冷卻作用下凝結，進一步加熱大氣

第二階段
低壓擾動增強，底層出現水氣輻合，雲層持續成長，且開始出現旋轉現象

第一階段
海水表面有低壓擾動，同時水蒸發成水氣

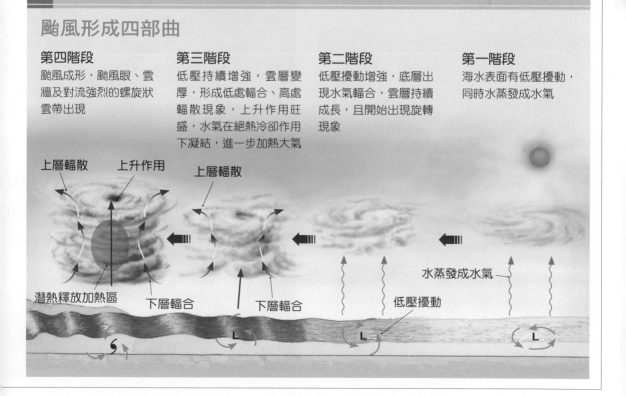

上層輻散　上升作用
上層輻散
上層輻散
水蒸發成水氣
潛熱釋放加熱區　下層輻合
下層輻合
低壓擾動

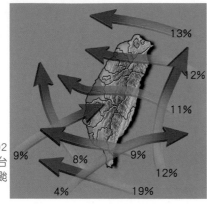

1897至2002年間侵襲台灣的9條颱風路徑。

13%
12%
11%
9%
8%
9%
12%
4%
19%

颱風移動路徑

颱風路徑除了受地球的行星風系吹拂由東往西移動外,在北太平洋地區颱風還受太平洋副熱帶高壓氣流所牽引,沿著它的邊緣移動,大多以偏西的路徑移動。在台灣或是菲律賓附近,因為已是副熱帶高壓範圍的邊緣,路徑變化多端,有繼續向西進行者,有轉向東北方向進行者,更有在原地停留或打轉者。

太平洋高壓影響颱風路徑

颱風的移動路徑受太平洋高壓氣流導引而移動。當太平洋高壓環流弱時,颱風會離台灣較遠;當太平洋高壓環流強時,颱風就會朝台灣方向移動。

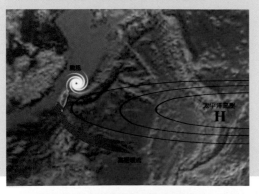

雙颱風效應──藤原效應

由日本氣象學家藤原於所提出。當兩個颱風慢慢靠近,相距約1000至1200公里時,彼此將受到對方氣流的影響,因而產生逆時鐘方向的相對運動。兩個颱風最後可能合併或持續互旋,直到其中一個颱風削弱為止。

共伴效應

每年入秋起(約9月)至翌年的3月間,若有颱風行經台灣東部海面或巴士海峽,颱風外圍的暖濕氣流,因受到台灣地形及東北季風冷空氣的強迫舉升,往往在台灣北部及東半部迎風面地區引發豪雨,稱之為共伴效應。

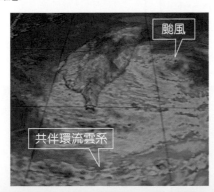

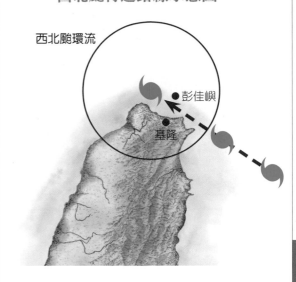

西北颱行進路線示意圖

西北颱環流

彭佳嶼

基隆

西北颱

指颱風從東方海面向西北方行進,中心通過基隆與彭佳嶼之間的海面,由於颱風中心附近的強風並沒有受到台灣山脈的破壞,當其通過台灣北部近海時,強風直接吹向台灣北部陸地形成豪雨,特別山區雨勢更大加上風向與海岸線垂直,帶來風災與水患,甚至海水倒灌。中南部則因颱風過境引進暖溼的西南氣流,易成豪雨。

颱風的災害

一個強烈颱風所蘊含的能量,相當於1000顆原子彈爆炸產生的能量總和,破壞力極強,而颱風所帶來的強風豪雨,若加上停留時間久,更常使農作物受損、沿海低窪地區海水倒灌、房屋淹水,近年並造成山崩及土石流,危害人民生命財產安全。

賀伯颱風造成神木村巨大的土石流。

氣候

納莉（NARI）颱風　編號：20　時間：5-21 SEP 2001

強烈颱風（100以上）
中度颱風（65～100）
輕度颱風（35～65）
熱帶低壓　< 35
（knots）

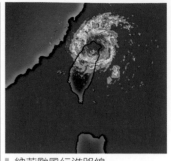

納莉颱風行進路線。

納莉颱風造成新店溪河水暴漲，侵蝕兩側河岸，使得民宅傾倒掉落溪流中。

移動路徑多變的納莉颱風

發生於2001年9月，颱風中心停留在台灣陸地將近50個小時，時間甚長，且移動路徑詭譎多變，是歷年來第一個「東北進、西南出」的颱風。因其豐沛的雨量和過長的停留時間，造成北台灣嚴重淹水，台北市及汐止地區更有數千棟大樓淹水，台北火車站及捷運站也成為大蓄水池，其他經濟損失難以估計，因而加強重新審視都市地區的防洪排水措施。

傷亡慘重的莫拉克颱風

發生於2009年8月初，其帶來西南氣流因在8月8日時於中南部多處降下刷新歷史紀錄的大雨（如嘉義及高屏山區自動雨量站單日累積雨量破千），亦稱八八水災，引發台灣多處水患、坍崩與土石流，其中又以台灣南部和東南部受災最嚴重，而高雄甲仙鄉小林村滅村事件，更導致數百人遭到活埋，是台灣氣象史上傷亡最慘重的侵台颱風，所造成的農業損失亦僅次於賀伯颱風。

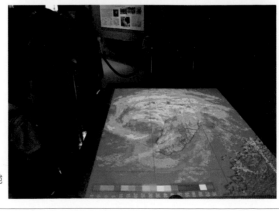

氣象局人員解說莫拉克颱風侵襲的雷達回波影片。

台灣地區重大颱風災害損失統計表統計表

發生日期			名稱	受傷人數			房屋倒塌		農業損失金額
年	月	日		死亡	失蹤	受傷	全倒	半倒	
1961	09	12	波密拉	158	121	1810	11692	23249	約3億元
1963	09	09	葛樂禮	224	88	450	13950	10783	約4.3億元
1969	09	25	艾爾西	93	12	371	12264	20582	約33億元
1975	09	21	貝蒂	16	4	47	657	1798	約25億元
1977	07	25	賽洛瑪	37	12	298	3385	22038	約16億元
1977	07	31	薇拉	104	10	65	1472	6642	
1982	07	29	安迪	14	7	24	319	838	約2.2億元
1986	08	21	韋恩	68	19	422	6624	31532	約123億元
1986	09	17	艾克	12	2	39	98	312	約75億元
1989	09	08	莎拉	32	20	47	430	760	約61億元
1990	08	18	楊希	23	7	15	45	96	約29億元
1994	07	09	提姆	17	6	70	181	180	約57億元
1994	08	06	道格	11	4	42	8	64	約89億元
1996	07	29	賀伯	51	22	463	503	880	約379億元
1998	10	13	瑞伯	28	10	27	4	26	約81億元
2000	08	21	碧利斯	14	7	112	434	1725	約1.9億元
2000	10	29	象神	64	25	65	0	0	約35億元
2001	06	22	奇比	14	16	124	1	6	約5.5億元
2001	07	28	桃芝	111	103	188	645	1972	約10億元
2001	09	15	納莉	94	10	265	0	0	約20億元
2004	06	28	敏督利	3	1	4	270	0	約23億元
2004	08	23	艾利	14	15	395	72	44	
2005	7	16	海棠	13	2	31	0	0	48億2145萬
2007	10	4	柯羅莎	9	2	57	4	26	農損 42億5623萬
2008	7	16～23	卡玫基	20	6	8	8	2	農損 5億8134萬
2008	9	11～19	辛樂克	15	7	26	66	7	農損 8億8896萬
2008	9	26～30	薔蜜	4	1	65	0	7	農損 24億8714萬
2009	8	5～25	莫拉克	643	60	1555	722	441	農損 164億6863萬
2009	10	21～23	梅姬	14	0	96	0	0	

氣候災害

除了夏秋強勁的颱風外，台灣尚有春夏之交的梅雨、春季的乾旱、冬天的寒潮，以及小區域的龍捲風、冰雹等帶來的氣候災害。

梅雨

發生於每年春末夏初（五、六月間），正是台灣地區由冬季東北季風過渡到夏季西南季風的季節。此時，北來的冷氣團與南來的暖溼氣團勢均力敵，形成近似滯留的鋒面。當鋒面來臨時，常帶來持續性的降雨。因長時間連綿細雨，使得物品容易發霉，又被戲稱為「霉雨」。若因對流旺盛常發生豪雨，甚至導致洪水發生。

冰雹

冰雹是大氣層中固態降水現象的一種，它在積雨雲內強烈的上升和下降氣流環境中形成，由多個冰層所組成。若達地面時未溶解成水仍呈固態冰粒者稱為冰雹，如溶解成水就是我們平常所見的雨。

台灣梅雨期的歷史紀錄

	平均值	最高紀錄
每日降雨量	20～25公釐	平地氣象站最大日雨量 485 公釐（1943年 6 月 13 日恆春氣象站） 高山氣象站最大日雨量 811.5 公釐（2006年 6 月 9 日阿里山氣象站）
連續陰雨天數	5～6天	最長41天（1970年）
連續不下雨天數	3～4天	最長13天（1976年6月1日～6月13日）

六三水災

1984年六月三日因為梅雨帶來豪雨，景美溪河水暴漲釀災。右圖是暴雨前後的三張照片，左圖為洪水前；中圖是洪水爆發時；右圖是洪水過後，圖下方有房舍被沖倒消失。

▌洪水前。

▌洪水時。

乾涸的石門水庫。

寒潮移動路徑圖。

乾旱

發生於台灣的冬、春兩季，又以中南部最為明顯，此乃因中南部位於東北季風的背風面，降雨機率不高，若梅雨季節又因太平洋高壓強度異常增強，不利於對流系統的發展，造成梅雨季不顯著或消失，降雨減少，可能使春季的乾旱延續到梅雨季。

洪水後。

寒潮

每年冬季來自蒙古、西伯利亞的強烈大陸冷氣團南下所導致的低溫現象，即一般俗稱的「寒流」，當溫度降至10℃以下，氣象局會發布低溫特報。如果受到低溫影響而導致農作物和養殖漁類的損害，則稱之為「寒害」。

龍捲風

台灣在每年春季或梅雨季期間，受到鋒面系統所伴隨的劇烈對流系統影響，有時會出現龍捲風，在颱風過境時，也偶而會發生。但受地形限制，強度與影響範圍通常不大。

台灣較常發生龍捲風的地點

台灣平均每年出現1～2次陸龍捲，水龍捲較為罕見。台灣西部、花東縱谷、澎湖等地區都是龍捲風可能發生地點，但主要還是集中在南部的台南、高雄、屏東等平坦地帶。

水文

台中和平的德基水庫

台灣的水文特色

台灣的水文特色主要為降雨時空分布不均、河川短小及泥沙淤積嚴重……等。本單元我們將探討造成水文特色的原因及台灣河川之特色與對水資源利用之影響。

水平衡

指地表上某一區域或地區，在一定期間內，水的流入、流出之均衡狀態。在水循環過程中，經由降水量和流入地面上的水（地表逕流）、地面下的水（地下逕流）等為「收入」，而由河水、地下水流至其他地區，以及土壤水份的保留和蒸發散量等為「支出」。如此水量收入和支出關係的研究，稱為水平衡，它隨著地點、時間等之不同而有顯著的差異。

一地的水平衡狀態分為三種：

❶ 收入等於支出，呈現水平衡。
❷ 收入大於支出，為剩水區。
❸ 收入小於支出，為缺水區。

大漢溪榮華大壩的泥沙淤積。

台灣的水平衡

以全年而言，台灣全島除了澎湖之外，為降水量多於蒸發量的剩水區。若以季節為單位，夏季時台灣全島為剩水區；冬季時，台灣北部仍為剩水區，但西南沿海如高雄、恆春……等地則因冬季降水量少於蒸發量，常為缺水地區。

台灣的水文特色

❶洪枯流量變化大

台灣地區雖然降雨量豐沛，但降雨量時空分布極不均勻。以時間而言，全台78%雨量集中於每年5至10月間之夏季，是為豐水期，且因多颱風，常挾帶暴雨，經常導致大量洪水宣泄不及，造成水災；冬季為乾季，是為枯水期，河水乾枯。在空間分佈上，西部地區愈往南則分配愈不平均，其中尤以南部區域之豐、水期差異最大。

❷河川短小且坡陡流急

台灣島南北狹長，地形坡度陡，河川短小，亦難以及時存留大量雨水，在可供利用的水資源有限，缺水極為普遍。

❸泥沙淤積嚴重

台灣岩層岩性脆弱，每遇暴雨，河流挾帶大量泥沙而下，造成河床積高，水庫泥沙淤積。這些水文的特性對台灣的水資源利用，均造成極大的不便。

台灣各地年降雨量、年蒸發量統計

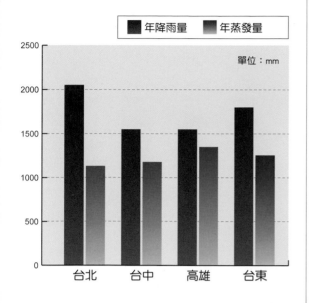

■ 年降雨量　■ 年蒸發量

單位：mm

台灣的水資源利用

台灣氣候，年平均雨量達2,510公釐，為台灣水資源之主要來源，約為世界平均值之2.6倍，但因地狹人稠，每人每年所分配雨量僅及世界平均值之七分之一，且雨量在時間及空間上之分佈極不均勻，再加上河川坡陡流急、腹地狹隘，逕流量被攔蓄利用的僅有佔年總逕流量之18%，其餘均奔流入海。台灣的水資源仰賴地面水如水庫、埤塘等及地下水的開發，依序供應農業、生活及工業用水。

■ 烏來福山溪流。

水文

■ 霧社的萬大水庫。

台灣的河流位置圖

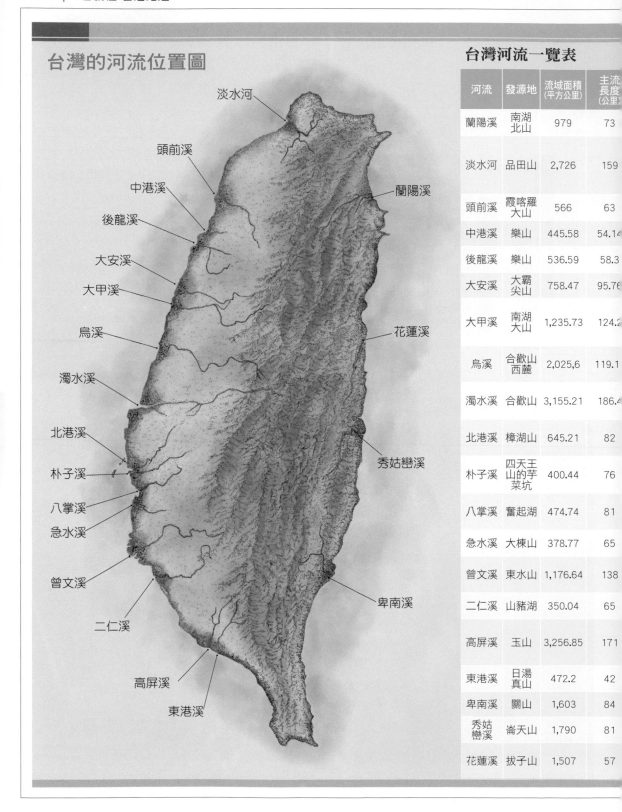

淡水河
頭前溪
中港溪
後龍溪
大安溪
大甲溪
烏溪
濁水溪
北港溪
朴子溪
八掌溪
急水溪
曾文溪
二仁溪
高屏溪
東港溪

蘭陽溪
花蓮溪
秀姑巒溪
卑南溪

台灣河流一覽表

河流	發源地	流域面積 (平方公里)	主流長度 (公里)
蘭陽溪	南湖北山	979	73
淡水河	品田山	2,726	159
頭前溪	霞喀羅大山	566	63
中港溪	樂山	445.58	54.14
後龍溪	樂山	536.59	58.3
大安溪	大霸尖山	758.47	95.76
大甲溪	南湖大山	1,235.73	124.2
烏溪	合歡山西麓	2,025,6	119.1
濁水溪	合歡山	3,155.21	186.4
北港溪	樟湖山	645.21	82
朴子溪	四天王山的芊菜坑	400.44	76
八掌溪	奮起湖	474.74	81
急水溪	大棟山	378.77	65
曾文溪	東水山	1,176.64	138
二仁溪	山豬湖	350.04	65
高屏溪	玉山	3,256.85	171
東港溪	日湯真山	472.2	42
卑南溪	關山	1,603	84
秀姑巒溪	崙天山	1,790	81
花蓮溪	拔子山	1,507	57

坡降	出海口	主要支流	流經地	河流地形特色
／21	宜蘭縣五結鄉	羅東溪、宜蘭河、冬山河	宜蘭縣大同、三星、員山、冬山、羅東、宜蘭、壯圍、五結	河口溼地、沖積扇、埋積谷
／25	新北市淡水區	基隆河、新店溪、大漢溪	新北市三峽、鶯歌、樹林、土城、板橋、三重、新莊、蘆洲、五股、八里、淡水、新店、深坑、汐止、瑞芳、平溪、泰山、石碇、坪林、中和、永和；台北市；基隆市；桃園縣復興、龍潭、大溪；新竹縣關西、尖石	紅樹林河口溼地、河階、曲流
／28	新竹縣竹北市	油羅溪、上坪溪	新竹縣五峰、橫山、尖石、芎林、竹北；新竹市	紅樹林河口溼地
／21	苗栗縣竹南鎮	南河、大東河、峨嵋溪	苗栗縣南庄、三灣、頭份、竹南、造橋；新竹縣北埔、峨嵋、寶山	河口溼地、沙丘地形
／22	苗栗縣後龍鎮	汶水溪、大湖溪、桂竹林溪	苗栗縣泰安、大湖、龍潭、公館、銅鑼、苗栗市、頭屋、後龍	河口溼地、背斜構造
／29	台中市大安區	馬達拉溪、雪山溪、大雪溪、北坑溪、南坑溪	苗栗縣泰安、卓蘭、三義、苑裡、大湖；台中市和平、東勢、后里、外埔、大甲、大安	峽谷、火炎山
／39	台中市清水區	七家灣溪、司界蘭溪、南湖溪、合歡溪、志樂溪、匹亞桑溪、小雪溪、鞍馬溪、馬崙溪、稍來溪、久良屏溪、十文溪	台中市梨山、佳陽、德基、谷關、白冷、馬鞍、東勢、石岡、后里、神岡、豐原、外埔、大甲、大安、清水	峽谷、河階、水庫
／45	台中市龍井區	貓羅溪、大里溪、旱溪、筏子溪、北港溪、帖比倫溪、眉溪	南投縣埔里、草屯、國姓、南投市、霧社、仁愛；彰化縣和美、伸港、芬園、彰化市；台中市大肚、霧峰、大里、龍井	火炎山、河階、盆地、河口溼地
／55	雲林縣麥寮鄉	萬大溪、丹大溪、郡巒大溪、陳有蘭溪、清水溪	南投縣集集、水里、名間、竹山；彰化縣二水、溪州、大城；雲林縣林內、莿桐、崙背、西螺、麥寮	沖積扇、水庫、河口溼地
／159	嘉義縣東石鄉	虎尾溪、三疊溪	雲林縣斗六、斗南、虎尾、土庫、大埤、北港、口湖、水林、古坑；嘉義縣溪口、新港、六腳、東石	河口溼地、沖積平原、沙洲
／53	嘉義縣東石鄉	牛稠溪	嘉義縣竹崎、民雄、新港、太保、六腳、朴子、東石；嘉義市	河口溼地、沖積平原、沙洲
／42	嘉義縣北門鄉	赤蘭溪	嘉義縣竹崎、番路、中埔、水上、太保、鹿草、義竹、布袋；嘉義市；台南市北門、鹽水、學甲、後壁、白河	河口溼地、沖積平原、沙洲
／118	嘉義縣北門鄉	龜重溪、六重溪	台南市白河、新營、鹽水、學甲、柳營、東山、後壁、六甲、下營、北門	河口溼地、沖積平原、沙洲
／57	台南市七股區	後堀溪、菜寮溪、官田溪	嘉義縣番路、大埔、阿里山；台南市東山、楠西、玉井、左鎮、大內、山上、麻豆、西港、安南、善化、安定	河口溼地、沖積平原、沙洲、潟湖
／142	高雄市茄萣區		台南市仁德、歸仁、關廟、龍崎；高雄市茄萣、湖內、路竹、阿蓮、岡山、田寮、內門	曲流、惡地、牛軛湖、環流丘
／43	屏東縣新園鄉	荖濃溪、楠梓仙溪、濁口溪、隘寮溪、美濃溪、武洛溪	高雄市桃源、三民、甲仙、六龜、杉林、內門、茂林、美濃、旗山、大樹、大寮、林園；屏東縣霧台、三地門、高樹、里港、鹽埔、九如、瑪家、內埔、長治、屏東市、萬丹、新園、泰武	火炎山、環流丘、河階
從缺	屏東縣東港鎮	萬安溪、牛角灣溪	屏東縣內埔、萬巒、竹田、潮州、萬丹、新園、東港、瑪家、崁頂、泰武、來義	河口溼地、平原
／23	台東市	鹿寮溪、鹿野溪、霧鹿溪、新武呂溪	台東縣海端、池上、關山、鹿野、卑南、台東市	河口沖積三角洲、沖積扇
／34	台東縣豐濱鄉	富源溪、紅葉溪、豐坪溪、卓溪、樂樂溪	花蓮縣瑞穗、萬榮、玉里、豐濱、卓溪、富里；台東縣池上、海端	曲流、環流丘、峽谷、河階
／25	花蓮縣吉安鄉	馬鞍溪、萬里溪、壽豐溪、木瓜溪、光復溪	花蓮縣鳳林、壽豐、光復、秀林、萬榮、花蓮市、吉安	峽谷、河口沖積三角洲、河階、惡地、埋積谷

台灣的河川——淡水河

河流為人類提供水資源，是人類賴以維生的必需品，台灣各地區的河流形塑並影響著當地的區域發展。本單元將以淡水河、濁水溪、高屏溪及蘭陽西等代表台灣北中南東四區特色的河川加以介紹。首先介紹北部代表性河川——淡水河。

北勢溪

●坪林

桶後溪

●汐止

基隆河

翡翠水庫

●松山

直潭淨水廠■

青潭水壩■

新店●

烏來●

●台北市

新店溪

■直潭水壩

碧潭大橋

●永和

●中和

關渡自然保留區■

蘆洲●

●三重

●板橋

●土城

淡水河紅樹林自然保留區■

●新莊

淡水●

淡水河

■關渡大橋

●樹林

■挖子尾自然保護區

大漢溪

●八里

●三峽

大溪

北

台灣海峽

關渡自然公園。

關渡人橋。

早期具航運之利

淡水河是北部第一、全台第三大的河流，淡水河有三大支流，分別是基

日治時期淡水河口。

隆河、新店溪、大漢溪，目前沿岸有650多萬人口。整個流域的年平均面積雨量為2,939公釐，約為全世界陸地平均降雨量的三倍，水量豐富，而且由於流量穩定，曾為台灣少數具有航運功能的河川。早年淡水河及其支流的舟楫之利，使得許多沿岸聚落因此得以發展，如艋舺、大稻埕、新莊等，後淡水河航道淤塞，目前已無航運之利。

北部的供水河川

淡水河的水力蘊藏量亦豐富，已建有石門水庫及翡翠水庫等水利設施，是北部灌溉及公共給水的樞紐。

水質改善中

1970年代，因台灣經濟起飛，淡水河流域設立許多重工業工廠，導致淡水河遭受嚴重的工業污染。近年來政府合力整治，水質已漸改善，但仍有中度污染的程度。

防洪水利工程

由於整個流域匯集2,600多平方公里內的各種水流，注於面積約240平方公里的台北盆地，豪雨時洪患特別多，故沿淡水河及其支流兩岸多興建堤防，以及闢建二重疏洪道等台北地區防洪計畫，是台北都會區藉以維持正常營運的必要水利工程。

水文

■哈盆自然保留區

南　勢　溪
●福山

烏來南勢溪溪谷。

北　橫　公　路

榮華大壩 ■ 往巴陵→

● 復興

── 阿姆坪

■ 石門水庫

● 石門

北橫公路復興吊橋。

▲品田山

石門水庫。

台灣的河川——濁水溪

台灣穀倉

濁水溪位於台灣中部，全長186.4公里，為全台第一長河，發源於合歡山與合歡山東峰之間的鞍部，主要支流有陳有蘭溪、清水溪、東埔蚋溪等，途經水里、集集等兩處南投極富盛名的觀光景點。

濁水溪流水搬運的泥沙特別多，一年四季河水都很渾濁，因而得名，也因此沖積出廣大的濁水溪沖積扇平原，土壤肥沃，自清代施世榜在二水附近興建鄉八堡圳（又稱施厝圳），以濁水溪的水源灌溉田地，使農產豐富，直至今日，保有「台灣穀倉」的稱號，以「西螺米」最有名。

■ 資料來源：台灣水資源館。

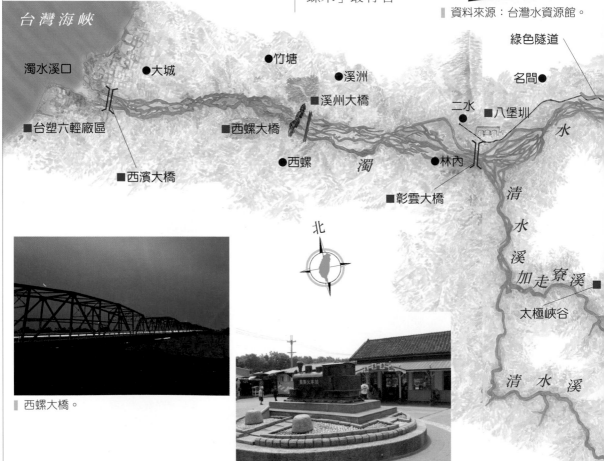

■ 西螺大橋。

■ 集集車站。

水力資源豐富

濁水溪上游地勢起伏，落差大，雨量多，水力資源豐富，建有霧社水庫、日月潭與頭社水庫，還有萬大、大觀一廠、二廠、明潭、鉅工等發電廠，形成完善的水力發電系統。

日月潭。

▲合歡山東峰

▲奇萊山

●廬山

霧社●

霧社水庫■

萬大水壩■

奧萬大

塔羅灣溪

豐坪溪

馬海僕溪

萬大溪

萬大北溪

■武界水庫

萬大南溪

卡社溪

集集

車埕站

■日月潭

●頭社

陳有蘭溪

▲清水山

▲玉山主峰

萬大水庫，也稱碧湖。

奧萬大森林遊樂區。

台灣的河川——高屏溪

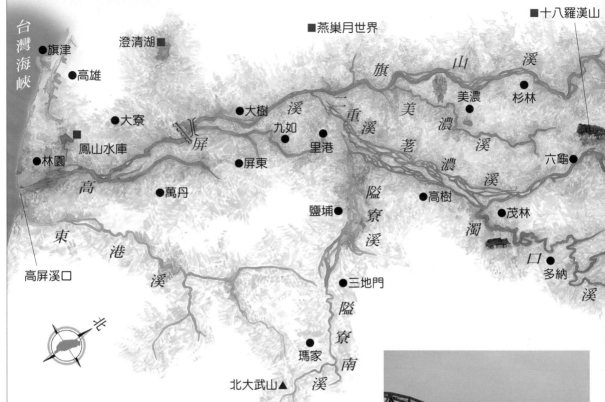

台灣海峽

■十八羅漢山
■燕巢月世界
澄清湖■
●旗津
●高雄
●大寮
鳳山水庫
●林園
高屏溪口
●大樹
九如
●屏東
●萬丹
里港
鹽埔●
三地門
瑪家
北大武山▲
高屏溪
東港溪
旗山溪
二重溪
美濃
美濃溪
●美濃
●杉林
●高樹
●六龜
●茂林
濁口溪
●多納
隘寮溪
隘寮南溪
北

▌高屏溪的高屏大橋。

孕育多元文化

高屏溪發源於中央山脈的玉山，有兩條主
要的支流，東源是荖濃溪，西源是楠梓仙
溪，全長171公里，流域面積廣達3,256平
方公里，是台灣流域面積最大、長度第二
的河流。

流域由高而低孕育著多元的族群與文化，
上游高雄桃源、那瑪夏是鄒族與布農族等
原住民世居之地；中下游的高雄美濃則是
聞名全台的客家庄；沿海沖積平原則是早
期大陸閩南移民的墾殖地區，亦為南台灣
米倉之一。

▌美濃位於高雄東北方，是個具有二百六十多年歷史的
客家聚落。

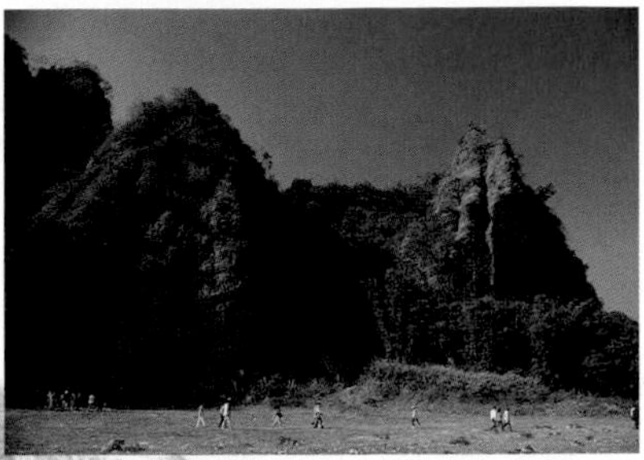

十八羅漢山。

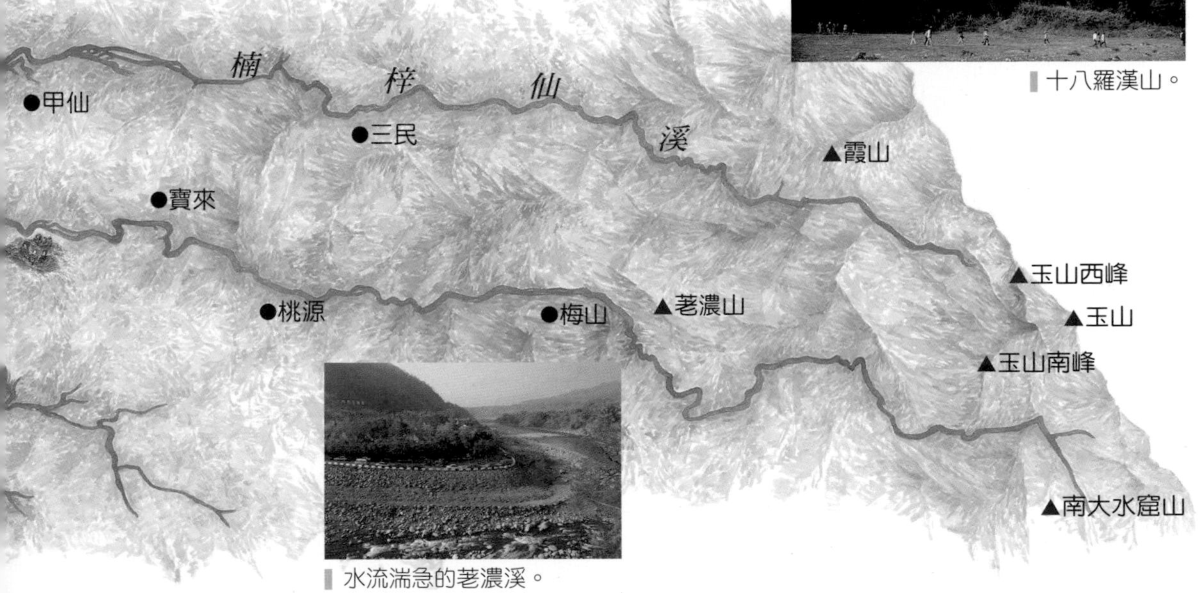
楠
梓
仙
溪
甲仙
三民
寶來
桃源
梅山
霞山
荖濃山
玉山西峰
玉山
玉山南峰
南大水窟山

水流湍急的荖濃溪。

環境破壞嚴重

高屏溪夾帶入海的漂沙，經過洋流與季風的搬移，形構了高雄港的天然條件。1970年代後，高雄港因海運便利，發展為台灣重工業重鎮，工廠林立，加速都市和工業化發展，加上本流域也是台灣主要飼養豬隻的地方之一，使高屏溪流域污染嚴重，近年來在政府與諸多民間團體的努下，已成為國內河川整治的佳例之一。

此外，高屏溪上游也因伐墾而水土保持不佳，下游河床則受到濫採砂石的破壞，影響了橋樑的穩固性。岸上的魚塭則因超抽地下水導致土壤鹽化與地層下陷。

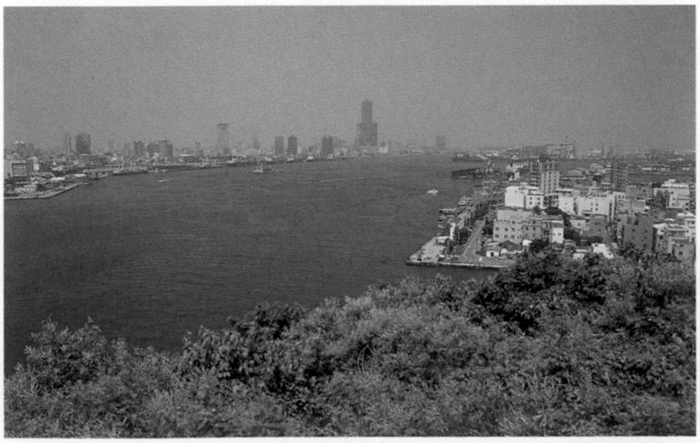

高雄港。

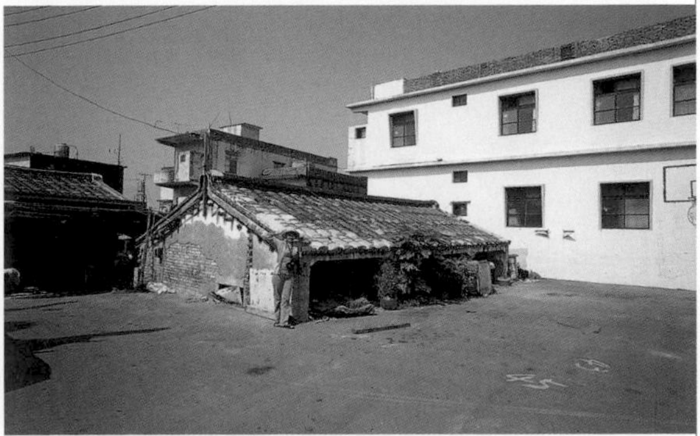

地層下陷造成的半層房屋陷入地下。

台灣的河川——蘭陽溪

水量充沛

蘭陽溪為宜蘭縣境內最大的河川，舊名宜蘭濁水溪，以含砂混濁而得名。夾在雪山山脈及中央山脈之間，由兩大支流——宜蘭河及冬山河會合後注入太平洋。整體地勢呈現西南高——東北低走向，秋冬兩季受到東北季風夾帶豐沛水氣影響，使蘭陽地區的年降雨日達220天，為台灣之冠。

東部的穀倉

蘭陽溪與其支流共同堆積形成蘭陽沖積三角洲，外型像等邊三角形，每邊的邊長約30公里，從北宜公路的沿途往下望去，阡陌縱橫，富庶壯麗，地勢平坦又水量充沛的平原地，適合水稻的栽種，成為台灣東部重要穀倉。礁溪一帶的農民利用溫泉富含礦物質、水溫高的特性，種植溫泉蔬菜。

濕地生態豐富

下游三角洲地形，因地勢低窪，堆積大量的泥沙含有有機物質，於溪流出海口形成廣大的濕地，造就豐富的河口生態環境，為東部最重要的水鳥驛站。宜蘭縣政府早於1996年時，便以噶瑪蘭大橋至出海海口為範圍，成立了「蘭陽溪口水鳥保護區」。

●明池

■鴛鴦湖自然保護區

■棲蘭森林遊樂區

●棲蘭

●樂水

碼

獨立山▲

加蘭溪　多天　崙溪

　　　　望狗

　　　　●仁澤　溪

　　　　　望

　　　　　溪

保養溪

夫布爾溪

▲太平山

米磨登溪

■蘭陽平原的稻田。

■思源埡口

■翠峰湖。

■太平山北勢溪。

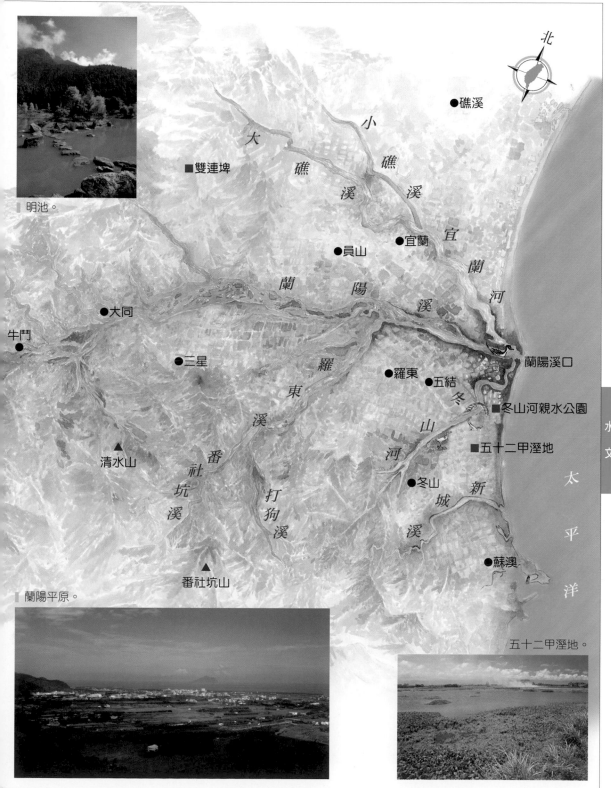

明池。

北

●礁溪

■雙連埤

大
礁
溪

小
礁
溪

●員山

●宜蘭

宜
蘭
河

蘭　陽　溪

●大同

牛鬥
●

●三星

羅
東
溪

●羅東

●五結

蘭陽溪口

冬山河親水公園

清水山▲

番
社
坑
溪

打
狗
溪

冬
山
河

●冬山

■五十二甲溼地

城
新
溪

太
平
洋

番社坑山▲

●蘇澳

蘭陽平原。

五十二甲溼地。

水
文

台灣的水庫

台灣的地形坡度大，以及降雨時空的分布不均，使得台灣可利用的水資源有限，須仰賴人工建造的水庫以供應人類活動所需，目前現有大小水庫約40座，密度相當高，主要集中在西部。以下介紹台灣重要的數座大型水庫之特色及其面臨的問題。

水庫定義

乃指用壩、堤、水閘、堰等工程，於山谷、河道或低窪地區所形成的人工水域，透過它可以將河流的水位在高流量時蓄水以防洪災，在低流量時緩慢放水。如此透過逕流調節以改變自然水資源分配過程的主要措施，稱為水庫。通常容量大者以水庫稱之；反之，容量小、水壩結構為整體外觀之主體，則直接以壩堰名稱稱之。

▌新北市烏來羅好水壩。

▌南投萬大水庫發電廠。

水庫的功能

❶ 防洪：在颱風和暴雨來襲時，水庫可攔阻洪水，降低河川下游所受到的衝擊。

❷ 水力發電：是比較環保的發電。

❸ 灌溉：建造中大型水庫利於農業灌溉所需。

❹ 公共給水：隨著工商業繁榮，人口集中於都市，水庫利於穩定生活和工業用水。

❺ 觀光：全國各地的水庫，受到人為干擾小，湖光山色，利於觀光。

▌石門水庫壩提。

南投奧萬大水庫。

水庫的影響

❶ 破壞自然和人文生態：水庫完工後，淹沒原有的河谷與峽谷，破壞自然生態，也可能淹沒原有的古蹟或民宅，迫使當地居民遷移。

❷ 水庫淤積：當河水流進水庫之後流速減緩，原本河水中所攜帶的泥沙隨即沈積成淤積，經年累月，不僅減少水庫容量，也縮短水庫的壽命。

❸ 加速海岸退縮：河流帶來補充海岸的沙石有利於保護海岸，一旦建水庫後，河流沙石減少，加速海岸侵蝕。

❹ 水庫水質變化：水庫上游附近的農地、林地等，因暴雨沖刷將泥沙及營養鹽等大部份截留在水庫中，造成水溫變化及水質優養化等問題。

水文

水庫主要設施說明圖

攔污繩：攔截污染水質的垃圾

壩堤

主壩

排洪閘門
排沙道
河道放水口

落水池（消波池）

副壩

水力發電廠

靜水池

全台水庫的分布

台灣人口分布不均，主要集中在西部，因此水庫為供應人類活動所需，也以西部居多，又因中南部降雨集中於夏季，河川洪枯變化大，對水庫的需求更為增加，因此南部水庫又較北部多。

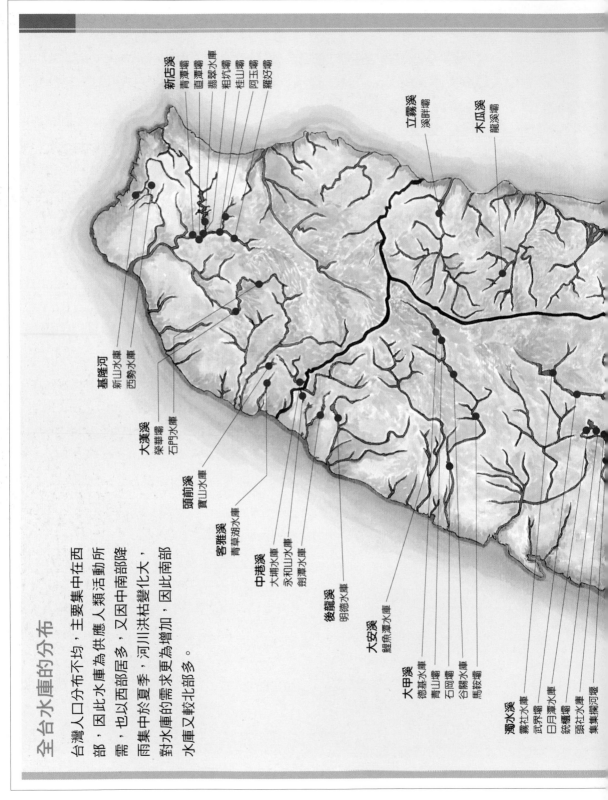

基隆河
新山水庫
西勢水庫

大漢溪
榮華壩
石門水庫

頭前溪
寶山水庫

客雅溪
青草湖水庫

中港溪
大埔水庫
永和山水庫
劍潭水庫

後龍溪
明德水庫

大安溪
鯉魚潭水庫

大甲溪
德基水庫
青山壩
石岡壩
谷關水庫
馬鞍壩

濁水溪
霧社水庫
武界壩
日月潭水庫
銃櫃壩
頭社水庫
集集攔河堰

新店溪
青潭堰
直潭壩
翡翠水庫
粗坑壩
桂山壩
阿玉壩
羅好壩

立霧溪
溪畔壩

木瓜溪
龍溪壩

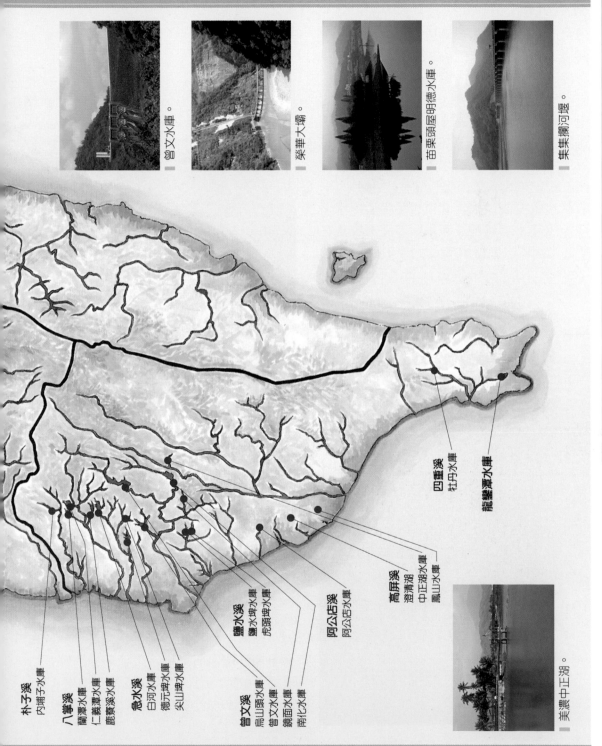

曾文水庫。

榮華大壩。

苗栗頭屋明德水庫。

集集攔河堰。

水文

美濃中正湖。

朴子溪
內埔子水庫

八掌溪
蘭潭水庫
仁義潭水庫
鹿寮溪水庫

急水溪
白河水庫
德元埤水庫
尖山埤水庫

曾文溪
烏山頭水庫
曾文水庫
鏡面水庫
南化水庫

鹽水溪
鹽水埤水庫
虎頭埤水庫

阿公店溪
阿公店水庫

高屏溪
澄清湖
中正湖水庫
鳳山水庫

四重溪
牡丹水庫

龍鑾潭水庫

翡翠水庫

由台北市政府規劃於新店上游北勢溪一帶興建翡翠水庫，於1987年完工。該水庫功能為自來水供應，發電後的餘水注入河道透過下游的直潭壩、青潭堰，供應台北市、新北市的三重區、永和區、中和區、新店區、淡水區、三芝區等地區的工業及民生用水。基於水質水源的保護，不對外開放觀光，水域禁止捕魚及水上活動。

翡翠水庫主要供應台北市居民生活用水之需，然其水庫建地及集水區卻完全應落在新北市境內，使得水權之爭極待協調。

翡翠水庫。

石門水庫

石門水庫位於桃園大溪與復興之間，大壩建於淡水河支流大漢溪石門峽谷上，全部工程於1964年完工，為台灣光復後國人首次興建之第一座多目標大型水庫，具有供應新北市及桃園鄉鎮之灌溉、公共給水功能，以及防洪、發電及觀光等多目標功能，助於北部地區經濟之繁榮及防止水旱災。

然而多年使用後，因水庫淤積以致蓄水量減少之問題日益嚴重，雖然已於上游興建多處攔沙壩，但仍無法阻擋淤沙，加上近年來上游拉拉山一帶大規模種植溫帶水果，更加速水庫的淤積，有待謀求解決之道。

德基水庫

大壩建於大甲溪上游的達見峽谷入口，於1973年完工蓄水，河床高海拔1,230公尺，為全台海拔最高的水庫，亦是台電公司於大甲溪所建的六個水壩中規模最大的一個，為一多功能目標之水庫。然而水庫落成不到十幾年，出現嚴重的淤積問題與水質優養化的現象，乃肇因於上游集水區梨山一帶過度濫墾及使用農藥，導致水庫壽命由原先預估120年降至70年以下。不過隨著九二一大震，中橫公路西段中斷，梨山地區對外交通受損，另一方面台灣加入WTO後，當地溫帶水果不敵國外進口，種植面積減少，正有利於水土保持的規劃及降低對水庫的破壞。

水文

▌台中和平德基水庫。

▌石門水庫壩堤。

▌石門水庫全景。

▌石門水庫攔汙繩。

▌石門水庫觀光遊艇。

▌石門水庫落水池。

日月潭。

日月潭水庫

日治時期所建的水力發電廠,至今供應中部之發電兼具觀光功能。當時(1931~1934年)工程難辛困難,修築一條15公里長的地下水道,越域從濁水溪上游取水貯蓄於日月潭,並於周圍地勢較低處建水社及頭社兩水壩使整個湖面的水位上升,淹沒眾多小山丘,面積及深度皆擴增,形成今日我們看到的日月潭。當時日月潭發電廠之電力透過南北輸送幹線足以供應全台電力使用,其完工對台灣經濟發展貢獻頗多,尤其對當時剛萌芽的工業相當有助益。

日月潭日出。

日月潭是台灣著名風景區。

烏山頭水庫

日治時期，為解決嘉南平原灌溉水源問題，由日本農田水利專家八田與一建造嘉南大圳之水利工程，而其中之一的計畫乃將曾文溪支流的官田溪上游堵住，建造一個大水庫，名為「官田溪貯水池」，即今日的烏山頭水庫。除了壩體興建難度高，另外因烏山頭水庫集水區面積僅有58平方公里，須開鑿一條長達三公里的隧道從曾文溪越域引水至烏山頭水庫，整個水庫歷經十年（1921～1930年）建造完工，為國內的大型水庫，不僅發揮當時預期的灌溉效益，也提供了自來水、工業用水、防洪、觀光等功能。由於水庫水域分歧，湖水僅能向外側擴展，構成風格獨特的景觀。

▌曾文水庫。

曾文水庫

自烏山頭水庫完工後，八田技師曾提出於曾文溪上游建一重力壩，壩高95公尺，蓄水量可達2億立方公尺的水庫，以增進嘉南平原水利資源的利用。不過，後經戰爭而擱置，直至台灣光復後，1967年才動工，1974年正式營運，為一多目標功能的大型水庫。自水庫完成後，與烏山頭水庫串聯運用，使嘉南平原灌溉用水倍增，農作物產量亦隨之顯著增加，近年來也成為台灣重要之休閒遊憩風景區。

▌烏山頭水庫。

水文

▌曾文水庫主壩。

台灣的湖泊

全台皆有為數眾多的湖泊，因應當地的地理條件，形成各具特色的湖泊。茲舉台灣北、中、南、東各數個湖泊，介紹台灣湖泊之特殊景觀及生態特色。

湖泊的定義

地表窪地蓄水而成，具有一定的蓄水量，並且不與海洋發生直接聯繫的水體，它是由湖岸、湖面、湖盆、湖水以及水中所含的物質（泥沙、化學物質和各種水生生物）組成的一種複雜自然環境，如陸地的天然湖泊，或是人造埤塘、水庫，都是屬於湖泊的一種。

湖泊的功能

湖泊具有蓄水功能、調節河水流量、提供灌溉用水、水力發電、調節區域性微氣候、提供淡水漁業資源、交通運輸以及觀光遊憩等功能。

陸棲嗜濕植物

湖岸區

湖岸線

挺水植物

挺水植物

漂浮植物

浮葉植物

沈水植物

湖盆

湖泊縱剖面及各種適生的植物

（參考資料：徐寶琛，1998。）

▌陽明山國家公園竹子湖。

湖泊地形的演育

隨著河流的沈積物慢慢堆積於湖底，湖泊逐漸淤積、變淺，加上水生植物與湖畔陸生植物的生長，使得湖泊轉變成沼澤、濕地，最後成為陸地的一部份。如陽明山國家公園內的竹子湖，原先是一處火山噴發物所阻塞而成的堰塞湖，因地多竹而得名，後來湖水切穿湖邊流出，空留下不見湖水的山谷。由此可見湖泊的生命週期是相當短暫的。

夢幻湖

位於陽明山國家公園內，七星山東南麓，海拔870公尺，長寬約為100及40公尺，其形成年代約距今56,000年前，成因為邊坡發生崩塌作用所導致的堰塞湖。此處生長植物多達五十幾種，其中一種稀有的水生蕨類—台灣水韭，是台灣的特有種，而且幾乎只生長在夢幻湖中，因此政府特地將夢幻湖劃設為生態保護區。

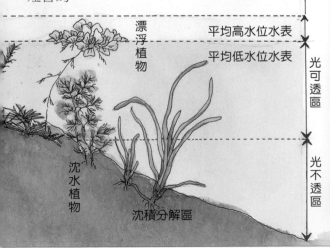

▌夢幻湖生長著稀有水生蕨類—台灣水韭。

水文

衛星照片中可見桃園地區分布著眾多的埤塘（黑色處）。

桃園的埤塘群

早期受到古淡水河改向的影響，桃園台地群上的台地面失去了常流河，河流短小，甚有乾谷現象，當地居民為多解決農業及民生需要，在台地面上築堤圍水、建造池塘，作為蓄水池，形成今日從高空望下數以千計的埤塘景觀。這些「埤」的景觀，大多是利用地表原始的坡度，在低地築堤，加上桃園台地紅土層不透水的特性利於儲水而成，亦是人類智慧的展現。現在埤塘已因石門水庫的興建而降低其功能，也逐漸消失中。

桃園的埤塘景觀。

雙連埤

位於宜蘭縣員山鄉湖西村 ，海拔高度約500公尺，是台灣少數僅存的內陸水草濕地，生長著不同的陸生、水生動植物，種類多達數十種，如同水草王國，稀有植物亦多達十餘種，也連帶吸引無數昆蟲及鳥類至此地棲息。茂盛的水生植物，更形成了一種獨的生態景觀——「浮島」，由水陸生植物相互圍繞、生長而成的大片草澤。

水文

翠池周邊是台灣面積最大的玉山圓柏純林區。

雙連埤。

翠池

位於雪霸國家公園內,雪山主峰西稜碎石坡下方,隸屬苗栗縣泰安鄉,屬於大安溪源頭,高度在3500公尺以上。翠池的外形呈南北走向的橢圓形,長寬為40及20公尺,水深約1公尺。據學者調查,翠池附近整個山凹地區,為冰河時期所侵蝕而成的圈谷地形,也是台灣罕見冰河地形的證據。翠池附近略為封閉的地形,阻隔高山強勁的風勢,分布著台灣面積最大的玉山圓柏純林區。

石英砂岩

碎石坡

冰坎

翠池縱剖面示意圖

翠池

(參考資料:楊建夫,2000。)

明池。

明池

位於北橫公路越過雪山山脈最高之處的明池森林遊樂區，隸屬宜蘭縣大同鄉，為大漢溪流域與蘭陽溪流域的分水嶺上，為一崩積的沖積扇阻擋而成的堰塞湖。其長寬約為150及50公尺，湖面蔓生水草，湖岸長有金針，遊樂區內以人工柳杉及原始檜木林為主。

日月潭。

翠峰湖。

翠峰湖

位於宜蘭縣南澳鄉，隸屬於太平山森林遊樂區，又名「晴峰湖」或「夢湖」，海拔高度1,850公尺，外形有如葫蘆狀，湖泊周長約600公尺，湖面面積長年為8公頃，豐水季節可達20公頃，為全台最大的高山湖泊，目前被列為森林生態保育區，限制遊客進入。

日月潭

位於南投縣魚池鄉水社村，由北半部的日潭及南半部的月潭合組而成，是台灣第一大淡水湖，東西寬約4公里，南北長約3公里，面積1160公頃，最大水深為27公頃。其成因為斷層作用形成的陷落盆地，積水成湖，在湖底沈澱了大量的黏土和泥炭。日月潭原本為面積狹小的集水區，乃後來日人為水力發電所需，引濁水溪溪水送入日月潭。

此外，當地邵族原住民利用木架搭起了人工浮島，以繩索綁在湖岸邊，用以捕魚或在上面種植水稻，形成日月潭一項特殊的人文景觀。

邵族的船屋，船上架著四角漁網。

草嶺潭

位於雲林縣古坑鄉的草嶺風景區，是一處以崩山、斷崖、峭壁、崩谷而聞名的風景區。從1862年以來，此區便常發生大規模的崩山事件，1999年九二一地震，更引發岩層滑動與土石崩塌，其落下約1.2億立方公尺的土石再度阻礙清水溪，形成向上游延伸3公里長，最深處達50公尺的堰塞湖，災後基於恐有潰決的考量，動員開挖草嶺潭疏洪道，疏通水道。草嶺潭目前為國家地震紀念地之所在。

北

清水溪

斷崖春秋■

▲草嶺

峭壁雄風

水濂洞■ ■ ●草嶺

草嶺潭

九二一地震崩塌區

■ 草嶺潭。

水文

澄清湖

位於高雄縣鳥松鄉的澄清湖，海拔高度為20公尺，湖面東西寬1,500公尺，南北長約1,700公尺，平均水深約3～4公尺，湖水面積有103公頃，集水區面積約2.88平方公里，原本為一荒涼湖埤，1940年日人將它建設為工業給水廠，利用引水管道，抽取河水蓄積而成；1942年水庫完工，供應高雄地區的民生用水，然而直至今日已淤積嚴重，加上工業化帶來的水質惡化，自來水大多改為抽取高屏溪地下水。自1959年開放成風景區，有「台灣西湖」的美譽。

▌澄清湖。

南仁湖。

南仁湖

位於墾丁國家公園的東北側，隸屬於屏東縣滿洲鄉境內，目前劃為生態保護區，是一處天然的熱帶季風雨林區，也是國內少數僅存的低海拔原始林，孕育著完整的動物相及植物群落，也是南遷候鳥的重要棲地。該區尚具有明顯的「植被壓縮」現象，在海拔500公尺地區竟出現海拔1,500公尺的植物種類，即溫帶、亞熱帶與熱帶森林壓縮在短距離區域內皆可見，乃因迎風坡的植被受到冷冽而強勁的東北季風所致。

鯉魚潭

隸屬於花蓮縣壽豐鄉，位於花東縱谷的北端，橫臥於群山之間，為一處著名的風景名勝地區。早在日治時代日人在此興建旅社，並有商人花費鉅資建造遊艇供人遊湖。鯉魚潭因東側有座高601公尺的鯉魚山而得名，湖泊略呈橢圓形，東西寬約1,000公尺，南北長約1600公尺，湖面面積有104公頃。

水文

花蓮鯉魚潭。

台灣的地下水

台灣的地下水，是水資源的重要來源，約佔三成。地下水蘊藏量的多寡與該地的水文地質條件有關，全台地下水最豐富的地區是濁水溪沖積扇和屏東沖積扇地形區，然而卻也因此對地下水依賴程度高，超抽過多地下水，導致地層下陷最嚴重之地區。

地下水補注量

地下含水層於地表出露或地面水體相接區域，降雨或地面水可從此區滲入地下，是為地下水補注量。地下水補注區一般分布於含水層地勢較高處，雨季時入滲可流經地表，最後到達地下水位面，補注含水層，使地下水位上升。若地下水補注較豐沛時，地下水將補注溪流或河川、海洋，因此溪流與河川的基流量會較大，水量較為豐沛。

安全出水量

在長期水文平衡原則下抽取地下水量，即取用量約等於補注量，使其井內水位不致下降，稱為地下水的安全出水量（Safe yield）。

地下水剖面圖

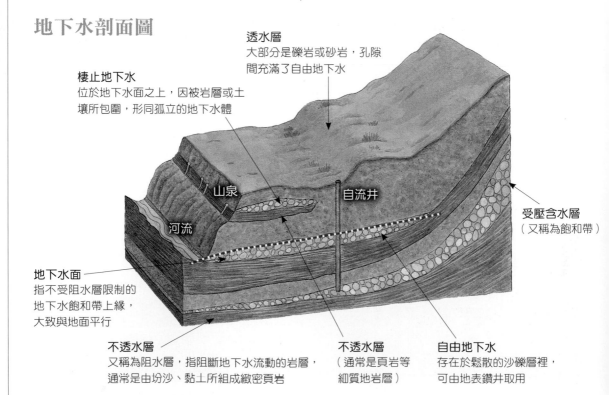

透水層
大部分是礫岩或砂岩，孔隙間充滿了自由地下水

棲止地下水
位於地下水面之上，因被岩層或土壤所包圍，形同孤立的地下水體

山泉

自流井

河流

受壓含水層
（又稱為飽和帶）

地下水面
指不受阻水層限制的地下水飽和帶上緣，大致與地面平行

不透水層
又稱為阻水層，指阻斷地下水流動的岩層，通常是由坋沙、黏土所組成緻密頁岩

不透水層
（通常是頁岩等細質地岩層）

自由地下水
存在於鬆散的沙礫層裡，可由地表鑽井取用

從觀音山眺望台北盆地的關渡平原及淡水河。

水文

地下水分區

各地的地下水蘊藏量，與當地的地理環境有密切的關係。台灣本島的地下水可分為九個區域，有時外島之澎湖地區亦劃分成第十區，其中以濁水溪沖積扇和屏東平原最為豐沛，但是這兩個區域也是目前地下水超限使用最嚴重的地區。

台北盆地

盆地內主要為淡水河水系，是地下水自然補注的源頭，上游山地多屬堅硬岩層，經風化後成為礫石與粗砂，隨河流而下，沉積於盆地中，其沖積層中有透水之砂礫含水層，且含水層層次很多，為優良之地下水區。

地面水與地下水

	優點	缺點
地面水	補充迅速、可兼發電	易受污染、建水壩破壞生態、庫容有限、取水點集中
地下水	較不易污染、體積龐大、常年有水、取水點可分散	補充慢、不當抽用導致地層下陷、礦物質偏高、受限於地下地質

台灣地區地下水區範圍及抽用量圖

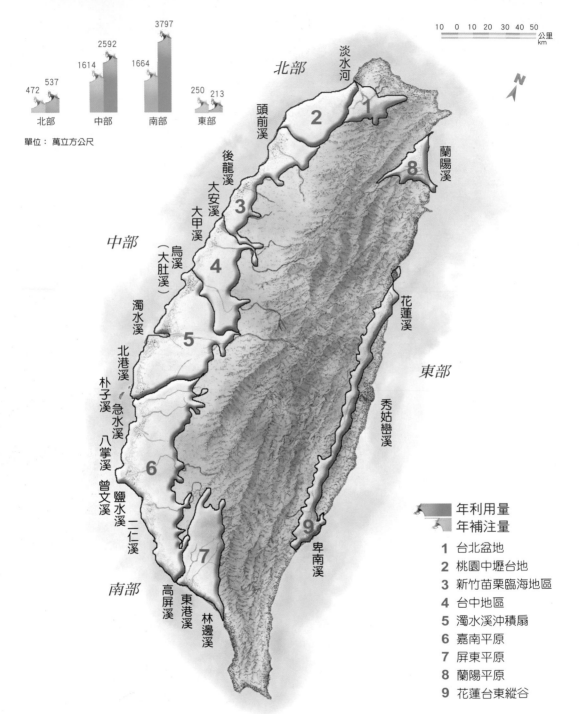

單位：萬立方公尺

年利用量
年補注量

1 台北盆地
2 桃園中壢台地
3 新竹苗栗臨海地區
4 台中地區
5 濁水溪沖積扇
6 嘉南平原
7 屏東平原
8 蘭陽平原
9 花蓮台東縱谷

資料來源：經濟部水資源局，1999。

台灣河川逕流量分布

逕流量是指一個河流或地區的降水量與蒸發量的差額，差額大小可以反映該地水資源的豐裕或短缺。

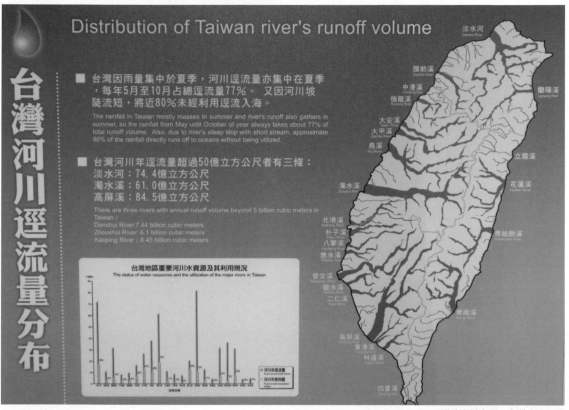

照片資料來源：台灣水資源館

水文

台灣地下水概況

分區名稱	面積（平方公里）	範圍	自然補注條件	使用現況
台北盆地	380	淡水河流域	佳	平衡
桃園中壢台地	1,090	淡水河流域以南至鳳山溪以北	劣	平衡
新竹苗栗臨海地區	900	鳳山溪以南至大安溪以北	劣	節餘
台中地區	1,180	大安溪以南至烏溪以北	佳	節餘
濁水溪沖積扇	1,800	烏溪以南至北港溪以北	優	超限
嘉南平原	2,520	北港溪以南至高屏溪右岸丘陵	劣	超限
屏東平原	1,130	高屏溪右岸丘陵至林邊溪以南	優	超限
蘭陽平原	400	得子口至南澳溪	優	平衡
花蓮台東縱谷	930	花蓮與台東縱谷	優	結餘
澎湖地區	106	澎湖群島	劣	超限
總計	10,436			

桃園台地

原為古大漢溪沖積扇，後經地形抬升所成。雖然地下含有具透水性的礫石層，但因地表遍布紅土，其為黏土性質，透水性差，不易滲水，以往先民只能於台地上遍築埤塘，以供灌溉和生活所需。加上台地上缺乏大河流流經補注地下水，故地下水較為貧乏。

▌石門水庫遠望桃園台地。

竹苗地區

本區因地質斷層、褶皺多，地形複雜，平原部分地下水源尚稱豐富，但面積狹小；丘陵部分均為第四紀更新世台地經侵蝕切割而成，因大部分此類台地性丘陵多為透水性不好的香山相頭料山層分布，又是地勢高，地下水來源少，出水量亦少。

台中地區

本區包括台中盆地，大安溪與大甲溪合流沖積扇、海岸平原和台地四種類型的地下水區，其中以礫石層為主的台中盆地和沖積扇為重要之地下水區，台中盆地的地下水資源大致與台北盆地相似。

▌苗栗縣大湖鄉汶水溪溪谷。

濁水溪沖積扇

本區地下水系統以濁水溪沖積扇最為重要，東西長約40公里，南北寬約60公里，面積約2400平方公里，是台灣重要的地下水資源區。本區最重要的地下水補注區位於扇頂，地層多以厚層礫石為主，地下水上下流通，透水性甚佳，補注量大。因濁水溪上游有廣大之流域面積，下游為寬大之沖積扇，由砂礫組成，而且流量大，因此地下水資源豐富。

▌嘉南平原一景。

嘉南平原

本區主要為泥岩系地層，阻礙地面水補入地下水，加上砂層不厚，難以形成良好的含水層，使得抽水如同採礦，地下水環境欠佳，故蘊藏量不豐。

本區地下水尚具一特性，許多井水含有甲烷氣（即天然氣或稱瓦斯），當地下水被抽出地面後，壓力減小，甲烷氣在水中變成氣泡，向上逸散。此時在井口點火即燃，形成嘉南地區著名的景觀——水火同源。

▌南投集集附近的濁水溪。

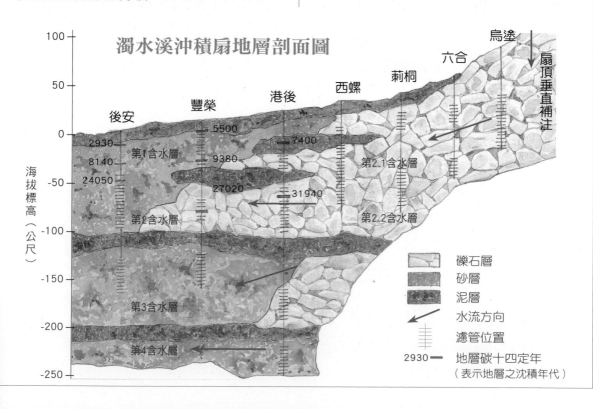

濁水溪沖積扇地層剖面圖

海拔標高（公尺）

烏塗
六合
莉桐
西螺
港後
豐榮
後安

扇頂垂直補注

第1含水層
第2.1含水層
第2含水層
第2.2含水層
第3含水層
第4含水層

2930
8140
24050
5500
9380
27020
7400
31940

礫石層
砂層
泥層
水流方向
濾管位置
2930 — 地層碳十四定年（表示地層之沈積年代）

水文

屏東平原

本區是台灣較大的地下水區之一，東起中央山脈南段西側山麓的潮州斷層，南北延長的矩形。長約55公里，寬約22公里，面積約1,100平方公里。台灣南部年平均降水量4,000公厘以上的多雨區皆分布於此區的河川上游，水量大，營力亦大。大量泥砂搬運至此區形成多個高透水性的沖積扇，也讓灌溉水、雨水等的滲透成為地下水，地下水蘊藏量豐富。

▌荖濃溪。

▌台東六十石山。

▌屏東平原（左）和蘭陽平原（右）皆為高透水性的山麓沖積扇所組成，地下水甚豐。

花蓮台東縱谷

本區為介於海岸山脈和中央山脈間的地塹谷地，全長約183公里，平均寬度約3.4公里，面積約800平方公里。本區西緣甚多沖積扇，透水性良好，加上地塹構造將所有沖積扇地下水串連起來，使谷地有豐富的地下水資源。不過本區因面積狹長，未能形成寬廣的沖積扇平原，因此扇端湧泉區不發達。

蘭陽平原

本區大致呈三角形，西北側為雪山山脈，南側為中央山脈北端，分別於山麓地帶形成數個大小不一的沖積扇，最大為蘭陽溪沖積扇。宜蘭平原等高線5公尺以上，100公尺以下，大部分為沖積扇分布，大小礫石滿布地面，構成本區主要含水層，地下水資源豐富，扇端處湧泉量甚多。

澎湖。

澎湖群島

澎湖群島由大小64個島嶼和多數岩礁組成。澎湖群島的氣候水平衡屬於降水量少於蒸發散量地區，全年只有梅雨期（五、六月間）可能有較多雨水，使土壤水分增加，卻不足以使土壤水分飽和，所以澎湖群島無常流河，連暫時河也很難出現，地下水天然補注甚少或無。此種氣候條件下，興建水庫不但欠缺雨水可貯存，還要面對大量蒸發。

蘭陽平原。

水文

台北盆地地下水位與地層下陷關係

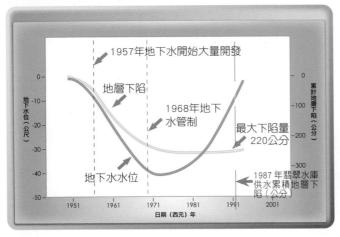

地下水開發與地層下陷

若地下水抽取量超過該地點之地下水補注量,特別是在未固結地層,如泥岩或細沙岩層,引起孔隙壓縮,將更易產生地層下陷或海水入侵之現象。1960～1970年台北盆地在翡翠水庫未興建之前,工商業開發,用水需求高,曾是台灣地區的地層下陷中心。目前下陷最嚴重且持續發生的地區為雲林至屏東的西南沿海,乃因養殖漁業者超抽地下水所致。

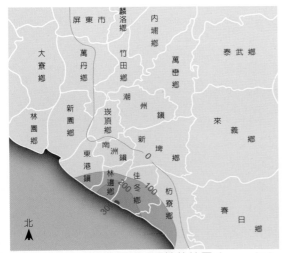

屏東沿海地區累積地層下陷等值線圖（1997 年）。

下陷量最深地區──屏東

地下水豐沛的屏東平原,自1970年代於沿海地區展開大規模的淡水養殖,以致超抽地下水,於1980年已測得185公分的下陷量,平均每年下陷18公分。地層下陷中心乃位於佳冬及林邊鄉,因該地區地層多泥岩及細沙,一旦大量移走孔隙中的水,壓密作用易形成而下陷,至1997年時累積最大下陷量達300公分。

下陷面積最廣地區──雲林

雲林地區的下陷始於1970～1980年,初以口湖地區為主,1980～1990年,又在台西形成一個下陷中心。近年來元長鄉及麥寮鄉,下陷率增加為每年7公分,又形成兩個新沈陷中心。2002年統計,雲林地區年下陷量為5.3公分,持續下陷面積為610平方公里,為全台各縣市下陷面積最大的一縣。下陷原因與農業和工業用水不足致使超抽地下水有關。

台灣高鐵的隱憂──雲林土庫段地層下陷

雲林土庫地區最大累積地層下陷已超過55公分,使行經該路段的高鐵橋墩亦出現下陷危機,對高鐵行車安全造成隱憂。目前國內調查報告提出多項建議,包括相關單位應儘速訂定雲彰地區水資源開發建設及分配政策;限制大量抽取地下水;雲彰地區全面普查抽取地下水的水井,尤其是大口徑的深水井;高鐵沿線應加強監測橋墩的絕對沉陷及差異沉陷等。

雲林地區1992～1999累積下陷量分布圖

北
▲
（單位：公分）

地下水的永續經營

台灣的主要地下水區都有水位日漸下降的趨勢，甚至地層下陷，因此地下水人工補注是有效的解決方法，如在沖積扇扇頂的河川地廣闢補注地，以增加地下水的水量，同時也應訂定水源水質法令以保護這些人工或自然補注區，以免影響地下水水質。還有地下水權的管理應落實，以有效管制地下水超抽問題。

▌屏東大鵬灣養殖業抽水管。

水
文

生態系

合歡山上的玉山杜鵑

台灣的生態系

台灣是個自然環境複雜的島嶼，孕育出生物的多樣性，如的一座豐富「生態島」。我們將從介紹生態系的基本觀點，加以延伸台灣的生態特色。

生態系

在一個特定環境內，各種生物群體和環境之間，不斷地進行物質和能量的交換，所連接而形成的複雜體系。生態系沒有固定的大小，如地球是一個大生態系，一個小池塘也可能是一個生態系。

生態系的基本組成

包括植物、動物、微生物、土壤、水、日光等生物及非生物因子，供給生物生長和活動的空間外，也提供成長、生存和繁衍所需的各種營養物質和環境條件。
其中生物部份很難獨立生存，每種生物都有特殊的生態區位和功能，彼此以食物鏈和食物網的方式直接或間接的連結在一起。

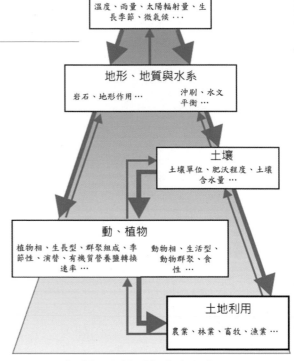

生態系的基本組成

氣候
溫度、雨量、太陽輻射量、生長季節、微氣候…

地形、地質與水系
岩石、地形作用…　沖刷、水文平衡…

土壤
土壤單位、肥沃程度、土壤含水量…

動、植物
植物相、生長型、群聚組成、季節性、演替、有機質營養鹽轉換速率…　動物相、生活型、動物群聚、食性…

土地利用
農業、林業、畜牧、漁業…

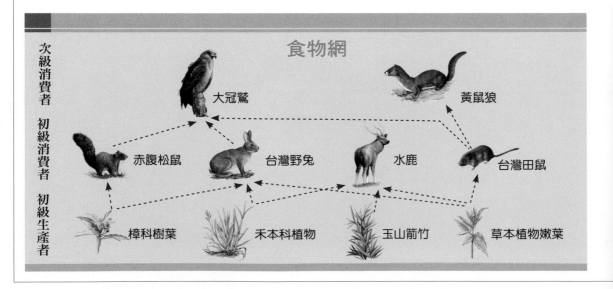

食物網

次級消費者　初級消費者　初級生產者

大冠鷲　　黃鼠狼

赤腹松鼠　台灣野兔　水鹿　台灣田鼠

樟科樹葉　禾本科植物　玉山箭竹　草本植物嫩葉

能量流動

生物系的能量源自於太陽，綠色植物將太陽能轉成化學能（醣分），這些能量經由食物鏈和食物網的結構，在生態系組成份子之間流動，稱之為能量流動。這種能量流動是單方向的，且效率不高，大多以熱量形態消失於大氣中。

營養鹽循環

營養鹽意指如水、碳、氮、磷和硫等生物活動及維持生態系平衡之重要物質，在食物鏈與食物網過程中，四處轉換，並由於分解者的功能，使營養鹽在生物因子和非生物環境間流動，形成營養鹽循環。

能量流動圖

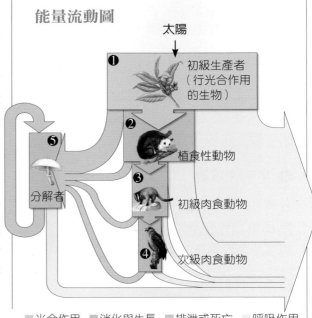

太陽

❶ 初級生產者（行光合作用的生物）

❷ 植食性動物

❸ 初級肉食動物

❹ 次級肉食動物

❺ 分解者

■ 光合作用　■ 消化與生長　■ 排泄或死亡　□ 呼吸作用

碳循環

指生態系內碳分子在各個成員間的交換過程，其成員（儲存體）包括大氣、海洋、陸域或海域生物、以及岩石，碳在各成員內以固體、液體和氣體等型態存在。陸域植物行光合作用，從大氣中的二氧化碳中獲得碳，將之轉化為碳水化合物、碳也因而進入食物鏈中。在沒有人類活動下的碳循環，各個主要成員維持動態性的相對穩定關係，但是，人類的諸多活動如大量使用石化燃料與砍伐森林，增加了大氣的二氧化碳量，造成嚴重的全球暖化。

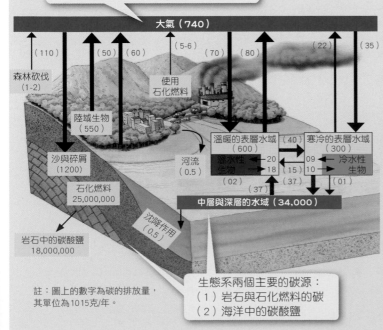

大氣的CO2是陸域植物直接的碳來源

大氣（740）

（110）　（50）（60）　（5-6）　（70）　（80）　（22）　（35）

森林砍伐（1-2）

使用石化燃料

陸域生物（550）

沙與碎屑（1200）

石化燃料 25,000,000

河流（0.5）

溫暖的表層水域（600）　（40）　寒冷的表層水域（300）

溫水性生物　20 / 18　09 / 10　冷水性生物

（02）　（15）　（37）　（01）

（37）

中層與深層的水域（34,000）

沉降作用（0.5）

岩石中的碳酸鹽 18,000,000

生態系兩個主要的碳源：
（1）岩石與石化燃料的碳
（2）海洋中的碳酸鹽

註：圖上的數字為碳的排放量，其單位為 10^{15} 克/年。

生態系

台灣的生態特色

❶ 北半球的生態縮影

台灣因北回歸線橫跨、海洋為鄰、高山林立，造就了台灣小島多樣化的氣候，兼備熱、暖、溫、寒帶的氣候類型，正好等於北半球從赤道到北緯40多度的生態變化。

❷ 生物密度高

台灣的土地面積約三萬六千多平方公里，生存著至少46,658種生物，生物密度比其它地區高。

❸ 特有種比例高

台灣與四周的島嶼於冰河時期曾與大陸相連，因此亦擁有與大陸性相似的生態系，冰河結束後與大陸隔離，經長期演變，使得特有種比例甚高，為全世界生態學研究的重要地區之一。

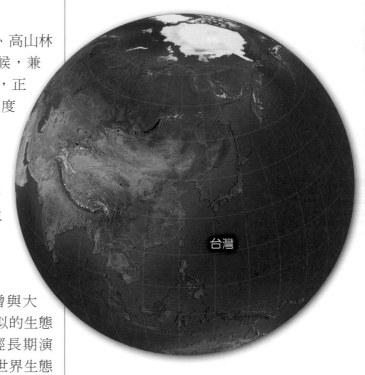

台灣

冰河期動物遷移情形

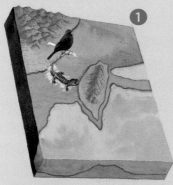

❶冰河期，海平面下降，台灣海峽露出，動物由大陸遷到台灣。

❷冰河期結束，台灣海峽遭淹沒，動物回不去大陸。

❸留在台灣的溫帶生物，只好轉往台灣的高山上。

玉山杜鵑。

水雉。

紅樹林。

台灣鳳蝶。

合歡山雪景。

台灣獼猴。

塔芬山的塔芬池。

基隆八斗子的海蝕平台。

森林生態系——原始林

台灣的森林植群分布隨著海拔高度和南北緯度差異有所不同,大致上可用垂直氣候帶分為以下介紹的七種類型。

熱帶季風林

分布位置:台灣南部海拔200公尺以下的地區,以蘭嶼和恆春半島為代表。

年均溫:25℃以上

年雨量:2000公釐以上

特色:植被分層明顯,上層為高大闊葉樹與藤類,中下層為灌木、耐陰與草本植物與灌叢,林內鬱閉陰暗,常見植物有白榕、桑樹、草海桐、欖仁樹、黃槿、蓮葉桐、海檬果、瓊崖海棠、棋盤腳、銀葉樹、象牙樹、林投、馬鞍藤等。其中恆春半島因地層不斷抬升,形成「熱帶高位珊瑚礁海岸林」。

▌白榕。

▌銀葉樹板根。

亞熱帶闊葉林

分布位置:海拔500公尺以下平地或山坡地(南部地區為海拔200～700公尺)

年均溫:23℃以上

年雨量:約1000～4000公釐(變化大)

特色:因開發歷史早,目前僅台灣東部的少數地區仍保留原始狀態,其餘多已消,僅存殘留的次生林和人工林。原始林的代表物種為稜果榕、構樹、小葉桑、香楠、茄苳、青剛櫟;次生林以白匏仔、山黃麻、血桐、野桐為主;人工林則有相思樹、油桐、桂竹、綠竹和麻竹等。

暖溫帶闊葉林

分布位置:海拔500～1800公尺(南部地區為海拔700～1800公尺)

年均溫:17～23℃

特色:森林濃密,植物多樣高,是台灣最具代表性的林帶。日治時期遭大量砍伐,引進柳杉林,曾造成嚴重的松鼠為害林木問題。本區組成植物以茶科、樟科或殼斗科植物為主,如大頭茶、日本楨楠、大葉楠、火燒栲、卡氏櫧、台灣山香圓等,也散生台灣肖楠、台灣黃杉等針葉林,及山黃麻、楓香、台灣櫸、栓皮櫟等次生林,亦有桂竹、孟宗竹之人工林或附生蕨類與筆筒樹之大型蕨類。

台灣的林群類型

台灣的陸地部分原本有高達60%都被森林所覆蓋，除了闊葉林，原本出現在溫帶、高緯度的森林植群也出現在亞熱帶台灣的高海拔地區。

高山寒原

亞高山針葉林

冷溫帶針葉林

涼溫帶針、闊葉混合林

暖溫帶闊葉林

亞熱帶闊葉林

熱帶季風林

▌楓香。

▌香楠。

▌台灣杉。

生態系

冷溫帶針葉林經過森林火災後的白木林景觀。

涼溫帶針闊葉混合林

分布位置：海拔1800～2500公尺

年均溫：10～20℃以上

年雨量：約3000公釐以上

特色：終年雲霧繚繞，是台灣山區雨量最多，最潮溼的地區，同時是木材品質最好、材積最大的檜木林生長區。本區為針闊混合生長，針葉林以紅檜、扁柏、巒大杉、台灣杉、鐵杉與紅豆杉為主，闊葉林以殼斗科和楠科的植物為主，如長尾柯、森氏櫟、紅楠等。

桃園拉拉山的紅檜巨木。

冷溫帶針葉林（鐵杉林帶）

分布位置：海拔2500～3000公尺

年均溫：15～18℃

年雨量：約3500公釐

特色：以鐵杉、雲杉為主，亦可見台灣華山松、二葉松、高山櫟、高山芒等，松山林下可見玉山箭竹伴生。因本區林木含有較多油脂，較常發生森林大火，當大火將杉木的枝葉燒盡，只留下白色的樹幹，形成本區大片白木林之景觀特色。

台灣鐵杉。

台灣冷杉。

亞高山針葉林
（冷杉林帶）

分布位置：海拔約3000～
3500公尺

年均溫：8～11℃以上

特色：以冷杉為主，為台
灣分布海拔最高的森林，
亦可謂台灣天然的森林
線。冷杉林下常與玉山箭
竹伴生，形成本區最具代
表性的兩種植物。

高山寒原

分布位置：海拔3500公尺以上

年均溫：8℃以下

年雨量：約2800公釐

特色：又稱「高山植物群帶」或「亞寒
帶」，氣候近似北極圈的寒原，土壤化育
差，日照強，風大，環境惡劣，僅玉山圓
柏和玉山杜鵑等高山矮性灌木及位於碎石
坡的草本植物能夠生長於此。

玉山圓柏。

玉山杜鵑。

生態系

森林生態系——人工植群

人工植群就是由人類所栽種而成的植物群落，如柳杉林、竹林和果樹。

柳杉林

由日本引入的外來種，為台灣早期重要的造林樹種，直至目前已成為台灣極為優勢的人工林相。早期柳杉主要作為商業性木材生產，或作為電線桿、小木屋建材，近期則轉為強調水土保持，提供森林遊樂、生態保育教育等功能。

▌ 柳杉人造林是台灣森林遊樂區中常見的景觀。右、
　 下圖為溪頭森林遊樂區。

▌竹林。

竹林

竹林屬於禾本科植物，用途廣泛，為台灣中低海拔地區常見的人工林景觀，由於地下莖之蔓延拓展，經常形成大面積的竹林，景觀優美。台灣分布面積較廣和經濟價值較高的種類有桂竹、孟宗竹、長枝竹、麻竹、刺竹和綠竹為等。

果樹

氣溫較低的台灣山區適合栽種溫帶果樹，主要在中部梨山大甲溪上游，以栽種水蜜桃、梨、蘋果等。其餘常見果樹大多生長於海拔800公尺以下的地區，依氣候條件的差異，中部地區為荔枝、橘子、柳丁、高接梨、柿子等；南部地區為芒果、龍眼、木瓜、檸檬、芭樂等，低海拔區則開闢檳榔園。然而果樹種植的區域可能是砍除原始林而得，容易有水土保持的問題。

▌蘋果。

▌水蜜桃。

▌梨子。

▌台中和平梨山。

生態系

淡水生態系

台灣的淡水生態系包括流動水域的河流生態系、河口濕地、淡水濕地，以及靜止水域的湖泊生態系，如高山湖泊、池塘及水庫生態，皆居住著豐富的生物。

河流生態區

河流生態區可分為上游森林區、中游農墾區、下游出海口。

上游森林密布，為水生昆蟲和許多藻類的棲息地，魚類則體型不大，能適應低溫與急流環境，如著名的櫻花鉤吻鮭。

中游河段常流經人類的農墾與都會區，生態上植物以大型固著水草與浮游性藻類為主、動物則以體型較大的魚和底棲動物為主。

下游區匯集各主支流的水體及污水，水質較差，生態與中游相似。

台灣的國寶魚——櫻花鉤吻鮭

為冷水性魚類，冰河時期孑遺的陸封型洄游鮭魚，一般鮭魚在淡水環境下出生，到海水裡生長，成熟後又回到淡水繁殖，但是櫻花鉤吻鮭終其一生均在淡水環境活動。目前僅分布於大甲溪上游的七家灣溪流域，產卵季溯河而上至水溫較低的上游處產卵。目前數量日益減少，正進行生態復育。

台南四草濕地是台灣著名濕地之一，也是紅樹林樹種相當齊全的地區。

八里挖子尾濕地是屬竹淡水河的河口溼地。

河口溼地

包括大部份海岸半含鹽溼地，如潮地鹽生草澤、紅樹林沼澤、潮間泥質灘地等。代表植物有紅樹林、蘆葦、香蒲等，這些植物具有特殊性，能適應每天因潮汐變化所造成水中鹽度劇烈變化的環境。

淡水溼地

包含草澤地、灌叢沼地與森林溼地。代表性植物有田蔥、燈心草、台灣萍蓬草、水車前、台灣水韭、大萍、東亞黑三稜等水生性植物。溼地植物具有許多生態功能，為許多無脊椎動物與冬候鳥提供了充足的食物來源。

屏東恆春附近的龍鑾潭旁的濕地景觀。

紅樹林

河口溼地常見紅樹林，其為熱帶與亞熱帶區域的木本植物，在台灣的種類有水筆仔、海茄苳、五梨跤和欖李等。紅樹林具有特殊適應環境的方式如胎生苗、呼吸根、葉片肥厚並具排鹽構造、根系淺而廣等。在紅樹林生態系內，尚有魚（如彈塗魚）、蝦、蟹（如招潮蟹）、貝類生存，紅樹林也具有攔砂、防洪、固堤、淨化水質、休閒等功能。

紅樹林。

黑面琵鷺。

候鳥

秋冬季節，台灣沿海的河口溼地會吸引大批候鳥來訪，約有350種以上，包括鷺科、鷸科、鴴科與雁鴨科等，他們大多擁有細長的腳和嘴，能適應沼澤環境的覓食。曾文溪口、蘭陽溪口、大肚溪口、淡水河口沿岸均是台灣有名的溼地，擁有豐富的候鳥資源，其中曾文溪更是全世界黑面琵鷺最主要過冬區之一。

高山湖泊生態區

其生態環境可分為沿岸區、湖沼區及深水區。

沿岸區：有許多著生於底部的挺水植物和浮水植物，動物為螺、蛙與水棲昆蟲等。

湖沼區：為湖泊中陽光可穿透的區域，有浮游植物，如矽藻、綠藻和藍綠藻等，以及輪蟲、水蚤和魚類等。

深水區：因陽光無法穿透，沒有綠色植物，養分主要來自上層水域的有機碎屑，經由細菌和真菌等分解而得。台灣的湖泊大多很淺，未有深水區。

高山湖泊的生態特徵

由湖水、水草、昆蟲和水鳥形成簡單的食物鏈，成為台灣高山湖泊最典型的生態系。另外，因水鳥的遷移，使得植物隨之擴散分布，帶給湖泊特殊的水生植物，如夢幻湖的水韭，鴛鴦湖的東亞黑三稜等，亦是高山湖泊的特色。

▌夢幻湖。

▌晴天下倒影如鏡的福壽山藍茵湖。

台灣水韭。

水雉喜歡棲息在菱角田或者睡蓮等浮水植物生長的水域,所以又叫「菱角鳥」。

池塘的生態特徵

因水域較淺,且光線充足,生產者除了浮游性藻類外,常出現可行光合作用的大型水生植物,消費者則有魚、蝦和螺等。

水庫的生態特徵

水庫的生態環境與天然湖泊大不相同,浮游性植物較多,也有養殖魚類。然而水庫帶給大自然生態許多負面之影響,如破壞原有的生態棲地環境及中斷動物的洄游等。

石門水庫。

生態系

海洋生態系

海洋生態系為多樣性最高的生態系，依所在位置可分為潮間帶、近海區和遠洋區。台灣四面環海，又可劃分為東海、南海和黑潮三大海洋生態系，漁業資源豐富，有利於發展沿岸、近海、遠洋和養殖漁業。

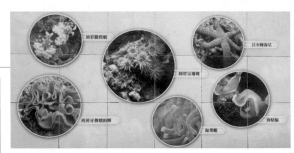

■東北角潮間帶生物。

潮間帶

潮間帶處在陸地與海洋交界處，是高低潮線的陸地，有定期的潮汐變化和海浪沖刷，水中的氧氣和礦物質豐富，陽光充足，藻類為主要的生產者，螃蟹和水鳥是這裡的代表性動物，也是許多經濟性水產動物的產卵場，魚、蝦、貝的幼苗數量豐富。台灣近海、沿岸淺海和海埔地廣大，利於養殖漁業的發展。

近海區

水深200公尺以內，陽光充足，生物的生產力高，主要生產者浮游植物和大型藻類（如昆布等），許多生活於大洋生物的幼體也於此生長，生物相豐富，有軟體、節肢、海綿、腔腸、棘皮動物和魚類，以及鯨豚等海洋哺乳動物，此外，亦有海草床、珊瑚礁和藻礁。

由近而遠的海洋分區

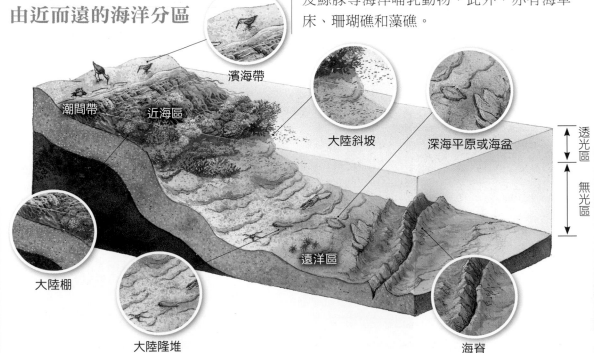

濱海帶

潮間帶　近海區

大陸斜坡　深海平原或海盆

透光區

無光區

大陸棚

遠洋區

大陸隆堆

海脊

澎湖七美海岸一景。

遠洋區

水深200公尺以上，包括大陸斜坡和深海平原，水體部份可分為透光區和深海區。透光區的動物種類高，如小型甲殼類、烏賊、魷魚、各種經濟性魚類（旗魚、鯊魚、鮪魚）與大型哺乳類動物（鯨豚）。深海區則因光線無法到達、水壓大、溫度多，生活於此的魚類骨骼和肌肉皆不發達，組織具有滲透性或是堅硬的外殼。

海洋裡的熱帶雨林——珊瑚礁生態系

在所有海洋生態系中，珊瑚礁的生產力最高，生物種類最繁雜、數量多，被稱為海洋中的「熱帶雨林」。然而，全球珊瑚礁的面積卻不到海洋總面積的3％。台灣西部海岸多河口，淤泥多，不利於珊瑚生長，因此台灣發育較好的珊瑚礁主要在無大型河川出口的海岸或離島。珊瑚礁的功能甚多，是眾多生物良好的棲息環境，亦可成為觀光資源及環境變遷的監測，其礁體可保護海岸、作為建築材料。

珊瑚。

海洋生態分區

地球上海洋生物的分布受到溫度、鹽度、營養鹽和壓力等因素的影響，呈現區域性的差異。在垂直方向，可以依據太陽光的穿透深度，分為透光區和無光區。水平方向分為潮間帶、近海區和遠洋區。

東海大海洋生態系

位於台灣北方之海域，西以台灣苗栗縣與台中市交界處為分界，東以花蓮外海為分界，北以中日韓為界。此區特色為季風型態的區域，海岸區域水淺，生物豐富，生產力高，是許多大洋性魚類的生殖與育幼區。

南海大海洋生態系

位於台灣西南海域，以中國和東南亞為界，為半封閉性海域。此區特色為熱帶氣候型態，生態棲地包括紅樹林、海草床、珊瑚礁等。大陸棚寬廣，海岸區有許多珊瑚礁分布，生產力高，生物多樣性也很高。

黑潮大海洋生態系

位於台灣東方海域。其特色是該區環境棲地類型多樣，有許多火山與地震活動發生，且有黑潮暖流流經，使平均海洋表面溫度達24℃，氣候相對溫和，穩定性高。生物生產力高，和東海大海洋生態系相似，是許多大洋性魚類的生殖和育幼區。

台灣的各式漁業1

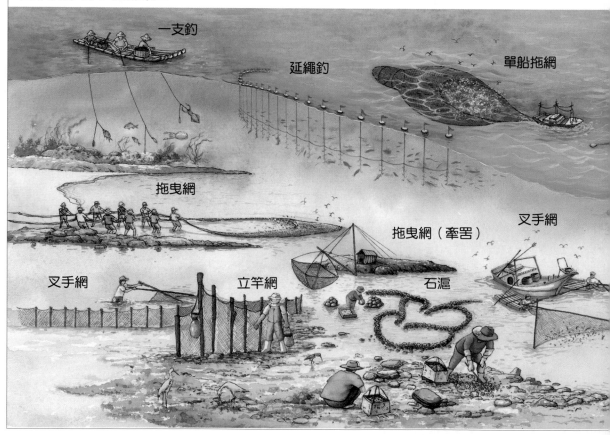

一支釣　延繩釣　單船拖網　拖曳網　拖曳網（牽罟）　叉手網　叉手網　立竿網　石滬

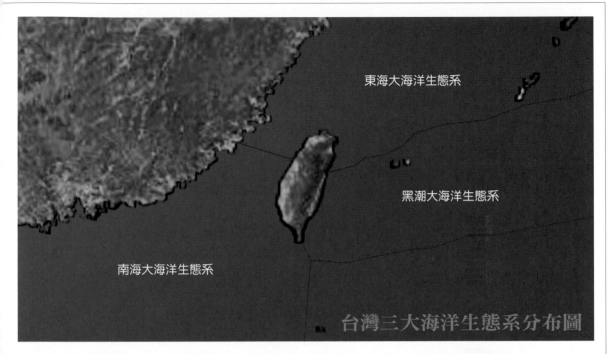

東海大海洋生態系

黑潮大海洋生態系

南海大海洋生態系

台灣三大海洋生態系分布圖

▌台灣的海洋資源豐富，然而各地的海岸地形、環境不同，故發展出各式各樣的漁具以及不同的漁業方式。

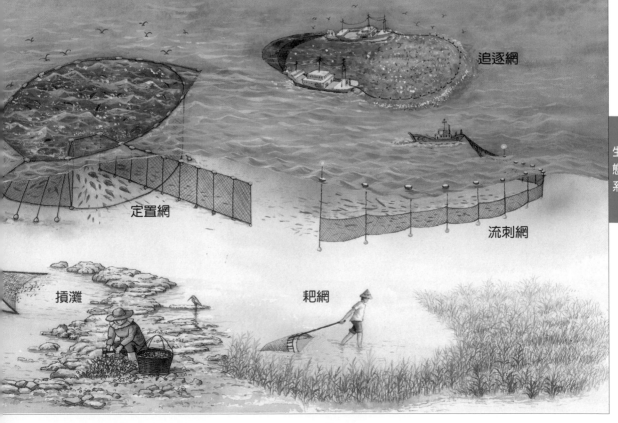

追逐網

定置網

流刺網

揖灘

耙網

沿海漁業

指領海12浬內從事漁撈作業者。台灣主要作業漁船與漁法，包括刺網、定置網、鮪延繩釣、火誘網和一支釣等，漁獲則為鎖管、鯖、白帶魚、謤、鯊魚與旗魚等，漁業生產力高。

漁夫將漁獲搬入台東成功港市場。

近海漁業

指漁船在12～200浬的經濟海域內從事漁撈，其範圍包含東海、台灣海峽、南中國海、巴士海峽及台灣東部海域。主要漁法有拖網、圍網、巾著網等，漁獲和沿岸漁業相似。近年來，近海漁業資源有枯竭的現象。

行經基隆嶼的漁船。

台灣的各式漁業 2

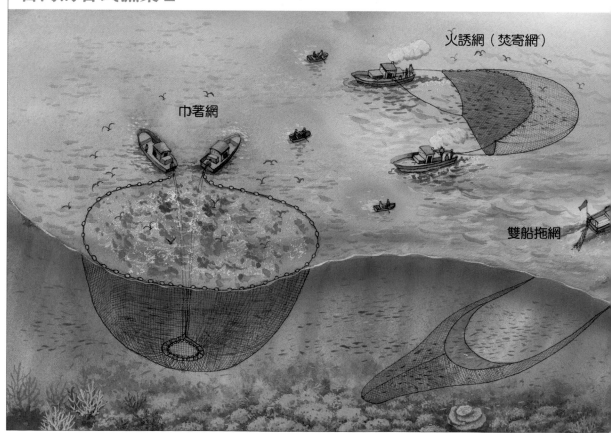

火誘網（焚寄網）

巾著網

雙船拖網

遠洋鐵殼漁船。

遠洋漁業

指漁船在200浬經濟海域以外從事漁撈作業者。近年來,遠洋漁業的漁場遍佈三大洋,漁獲量提升,占台灣漁業總產量65%以上。遠洋漁獲主要包括大目鮪、長鰭鮪、秋刀魚、阿根廷魷等

養殖漁業

分布於台灣各沿海,分為陸上魚塭(淡水養殖),如鰻、蝦;純海水(鹹水養殖),如虱目魚、鯛類;海上箱網養殖,如石斑、海鱺等三大類。由於台灣溫度適中,生產技術優秀,目前養殖魚類近100種。唯淡水魚塭超抽地下水,導致地層下陷之困境。

台灣沿海的牡蠣養殖十分興盛。

魷釣

鰹鮪圍網

鏢旗魚

生態系

》 參考書目

李素芳《台灣的海岸》，遠足文化。

楊建夫《台灣的山脈》，遠足文化。

王鑫、林孟龍《台灣的河流》，遠足文化。

王鑫、何立德《台灣的瀑布》，遠足文化。

王鑫、何立德《台灣的湖泊》，遠足文化。

陳尊賢、許正一《台灣的土壤》，遠足文化。

黃兆慧《台灣的水庫》，遠足文化。

宋聖榮、劉佳玫《台灣的溫泉》，遠足文化。

倪進誠《台灣的離島》，遠足文化。

戴昌鳳《台灣的海洋》，遠足文化。

涂建翊、余嘉裕、周佳《台灣的氣候》，遠足文化。

陳永森、林孟龍《台灣的國家風景區》，遠足文化。

王鑫《台灣的特殊地景——北台灣》，遠足文化。

王鑫《台灣的特殊地景——南台灣》，遠足文化。

蔡衡、楊建夫《台灣的斷層與地震》，遠足文化。

李光中、李培芬《台灣的自然保護區》，遠足文化。

林俊全《台灣的天然災害》，遠足文化。

陳文福《台灣的地下水》，遠足文化。

劉聰桂、楊燦堯、吳文雄《台灣的岩石》，遠足文化。

宋聖榮《台灣的火山》，遠足文化。

鍾廣吉《台灣的化石》，遠足文化。

徐美玲《台灣的地形》，遠足文化。

鍾廣吉《台灣的石灰岩》，遠足文化。

李培芬《台灣的生態系》，遠足文化。

遠足地理百科編輯組《一看就懂地理百科》，遠足文化。

行政院農業委員會特有生物研究保育中心《生物大學問》，遠足文化。

楊萬全《水文學》，國立台灣師範大學地理系。

林朝棨纂修《台灣省通志稿卷一》，台灣省文獻委員會。

王執明等撰《台灣土地故事》，大地出版社。

徐美玲《上天下地看家園》，大地出版社
徐寶琛，湖泊生態與湖泊職務，科學月刊，29（3）：203-211。
《高中地理‧第一冊》，龍騰文化。
《經典雜誌‧川流台灣系列》
《中國時報‧中港清淤 重啟填海造地》2007.09.27
《聯合報‧地層下陷內移 雲林高鐵陷危機》2010.08.30

》 參考網站：

中央氣象局 www.cwb.gov.tw

維基百 科http://zh.wikipedia.org 颱風莫拉克

行政院農業委員會農糧署 www.tnfd.gov.tw

行政院農業委員會特有生物研究保育中心 http://tesri.coa.gov.tw

》 圖片來源：

照片：本書照片除另有標註者外，均由廖俊彥、楊建夫、王永泰、陳尊賢、吳明宏、邱意然、宋聖榮、楊中介、呂遊、遠足文化資料中心提供。
廖偉國（21下、23右、53下、77下、82下*3、95上、112*2、115下*3），林俊全（22、140中、142下*3、143上左、154下），王鑫（69上、96下左），吳志學（89上），呂理昌（162左下），黃兆慧（104右下、165中、168中、170左下、173上），黃光瀛（171下、173下）。

插畫：遠足文化資料中心（繪者包括王顧明、吳淑惠、高華、謝文瑰等）

THE ILLUSTRAED ENCYCLOPEDIA OF TAIWAN GEOGRAPHY 新裝珍藏版

一看就懂 台灣地理

推　　薦　賴進貴
作　　者　黃美傳

編輯顧問　呂學正、傅新書
編　　輯　遠足地理百科編輯組
特約美編　黃鈺涵、汪熙陵
資深主編　賴虹伶
執 行 長　陳蕙慧

- 出　　版：遠足文化事業股份有限公司
- 發　　行：遠足文化事業股份有限公司（讀書共和國出版集團）
- 地　　址：231新北市新店區民權路108之2號9樓
- 郵撥帳號：19504465 遠足文化事業股份有限公司
- 電　　話：(02) 2218-1417
- 信　　箱：service@bookrep.com.tw

- 法律顧問 / 華洋法律事務所 蘇文生律師
- 印　　製 / 呈靖有限公司
- 出版日期 / 2018年5月（三版一刷）
　　　　　　2023年8月（三版十七刷）
- 定價 / 399元
- ISBN 978-957-8630-40-6
- 書號 1NDN0022

國家圖書館出版品預行編目(CIP)資料

一看就懂台灣地理 / 黃美傳編著 -- 三
版. -- 新北市：遠足文化, 2018.05
　　面；　公分.
新裝珍藏版
ISBN 978-957-8630-40-6（平裝）

1. 臺灣地理

733.3　　　　　　　　　107006450